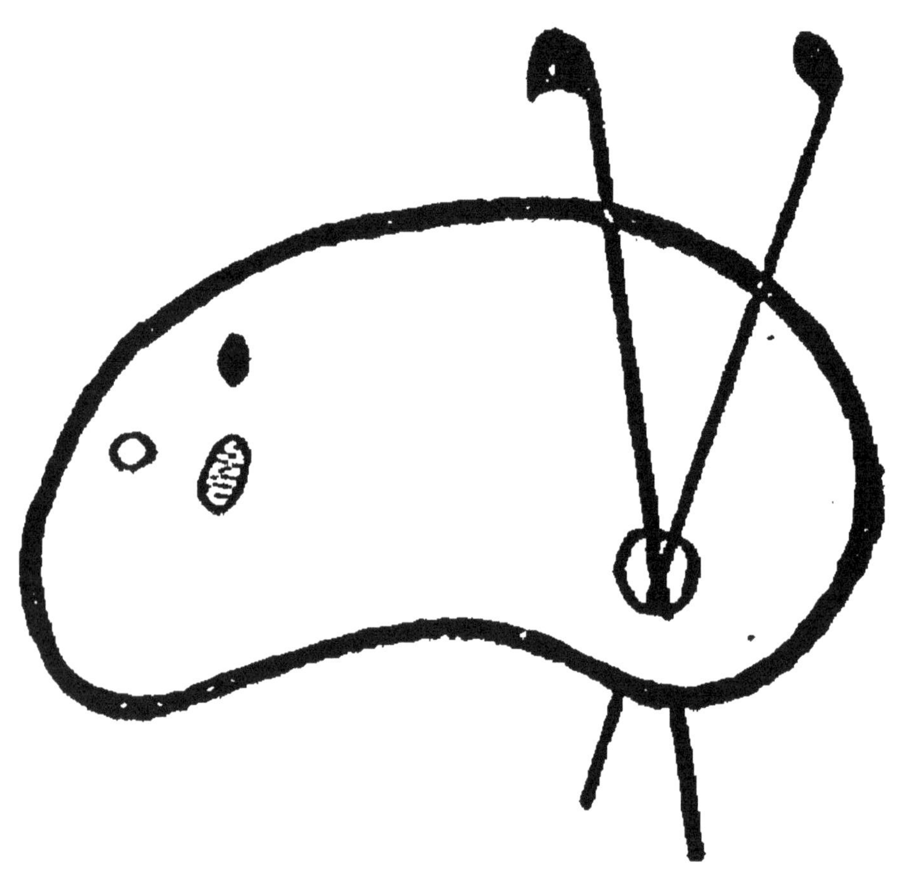

DEBUT D'UNE SERIE DE DOCUMENTS
EN COULEUR

SOCIÉTÉ DE STATISTIQUE

des Sciences naturelles et des Arts industriels du département de l'Isère

SUPPLÉMENT

AU

CATALOGUE DES ACTES

DU

DAUPHIN LOUIS II

DEVENU LE ROI DE FRANCE

LOUIS XI

RELATIFS

A L'ADMINISTRATION DU DAUPHINÉ

RECUEILLIS ET ANNOTÉS

Par E. PILOT DE THOREY

Publiés par G. VELLEIN

Président de la Société

III

GRENOBLE

GRANDS ÉTABLISSEMENTS DE L'IMPRIMERIE GÉNÉRALE

1911

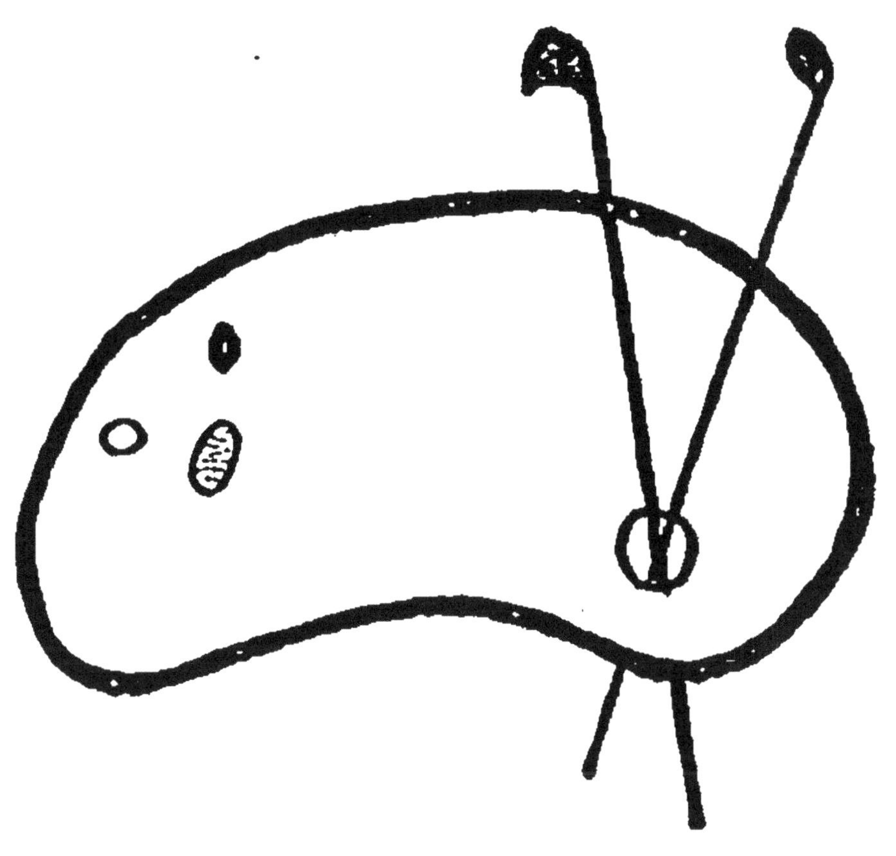

FIN D'UNE SERIE DE DOCUMENTS
EN COULEUR

SUPPLÉMENT
AU
CATALOGUE DES ACTES
DU
DAUPHIN LOUIS II
DEVENU
LE ROI LOUIS XI

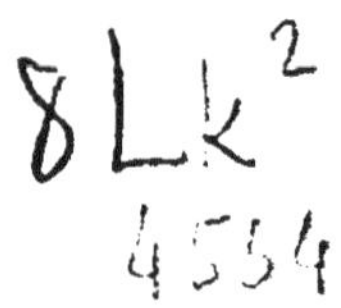

SOCIÉTÉ DE STATISTIQUE
des Sciences naturelles et des Arts industriels du département de l'Isère

SUPPLÉMENT

AU

CATALOGUE DES ACTES

DU

DAUPHIN LOUIS II

DEVENU LE ROI DE FRANCE

LOUIS XI

RELATIFS

A L'ADMINISTRATION DU DAUPHINÉ

RECUEILLIS ET ANNOTÉS

Par E. PILOT DE THOREY

Publiés par G. VELLEIN
Président de la Société

III

GRENOBLE
GRANDS ÉTABLISSEMENTS DE L'IMPRIMERIE GÉNÉRALE

1911

L'auteur du *Catalogue des Actes du dauphin Louis II*, Emmanuel Pilot de Thorey, appartenait à une famille qui conservait, comme un dépôt précieux, de nobles traditions d'honneur et de patriotisme, et entretenait avec zèle l'amour de l'étude et le culte de l'histoire. Son père, J.-J.-A. Pilot, est ce savant modeste dont les patientes investigations et les nombreuses publications ont éclairé tant de points obscurs de nos annales. L'intelligence réfléchie du jeune Emmanuel, tenue en éveil par les occupations paternelles, se sentit de bonne heure attirée vers les recherches historiques. Après de solides études au Lycée de Grenoble, il suivit les cours de la Faculté de Droit et conquit, en 1869, le diplôme de licencié. Il se préparait à l'Ecole des Chartes lorsque les tristes événements de l'année terrible le détournèrent de ses études pour faire de lui un officier de Mobiles. Sa conduite à l'armée de la Loire, comme lieutenant d'abord, puis en qualité de capitaine, fut celle d'un brave. A Beaugency, à Vendôme, durant la retraite du Mans, dans des combats presque journaliers, il se fit remarquer par la plus rare énergie. Des qualités militaires précieuses et sa bravoure lui gagnèrent l'estime de ses chefs et il n'a pas dépendu de son colonel qu'il ait été décoré ; à deux reprises, il le proposa pour la Légion d'honneur. De retour au foyer, E. Pilot de Thorey ne songea qu'à ses chères études ; aussi est-ce avec la plus vive satisfaction qu'il accueillit, en 1877, sa nomination au poste d'archiviste-adjoint à la Préfecture de l'Isère. Les fonctions auxquelles il était appelé, en harmonie avec ses goûts, devaient, en effet, faire passer sous ses yeux les plus précieux documents de notre histoire locale et faciliter les travaux qu'il méditait. A cette époque, il était déjà membre de la Société de Statistique ; la même année, ses collègues lui confiaient les fonctions de Secrétaire-adjoint et, trois ans plus tard, celles de Secrétaire qu'il a remplies avec tant de dévouement pendant vingt ans. Durant cette longue période, il fut un des collaborateurs assidus du *Bulletin* qui renferme ses plus importantes productions. Si le cadre de ce résumé ne permet pas de donner la nomenclature entière de son œuvre, nous ne saurions, du moins, passer sous silence les publications suivantes : *Cartulaire de l'Abbaye de Chalais; Documents sur le Musée de Grenoble; De l'Orfèvrerie et des Orfèvres en Dauphiné; Les Prieurés de l'ancien diocèse de Grenoble; Notes pour servir à l'Histoire de Grenoble; Catalogue des Actes du dauphin Louis II*, ouvrage honoré de souscriptions ministérielles et du prix *Pallias* et qui lui valut, lors de l'apparition des deux premiers volumes, les plus flatteuses félicitations.

Indépendamment de ses travaux imprimés, E. Pilot de Thorey a laissé d'importants manuscrits qui comprennent notamment un *Dictionnaire topographique du département de l'Isère*, recueil précieux dont la publication est ardemment désirée par tous ceux qui s'occupent de notre histoire locale. Les abondants matériaux qu'il avait, en outre, patiemment colligés dans les archives lui permettaient de nombreux projets ; ses amis se plaisaient à espérer qu'il enrichirait encore pendant de longues années notre bibliographie historique, lorsque la mort est venue le frapper, le 31 mai 1903, à l'âge de 55 ans. Elle l'a surpris à sa table de travail, imprévue, foudroyante, comme elle atteint le soldat sur le champ de bataille.

Il n'a pas eu la satisfaction de mettre la dernière main à son *Catalogue*, à cette œuvre qui lui avait coûté de longues et laborieuses recherches et dont il entrevoyait la fin prochaine avec un légitime orgueil.

Appelé, au nom de l'amitié qui nous unissait, à achever ce que la mort avait interrompu, notre rôle a été des plus modestes et notre premier devoir est de laisser à l'auteur, seul, le mérite de ce supplément, les analyses qu'il contient sont toutes émanées de sa plume. On pourrait craindre que l'œuvre de Pilot fût restée incomplète ; nos relations avec l'auteur, nos entretiens presque journaliers dont le thème, durant les derniers mois de sa vie, se rattachait souvent à son travail sur le dauphin Louis II, ses confidences nous autorisent à rassurer sur ce point les érudits qui s'intéressent à l'histoire du Dauphiné. Les recherches sur l'administration de Louis II étaient terminées et le fascicule qui suit forme bien le complément définitif du *Catalogue*.

Au début de ses compilations, notre ami avait formé le projet de publier quelques lettres à la suite de ses analyses. Nous en avons retrouvé une douzaine copiées *in-extenso* de sa main et méthodiquement classées, mais il avait dû renoncer à cette idée, car les plus intéressantes ayant paru dans les volumes précédents ou dans des revues, les autres n'offriraient pas à l'histoire une contribution suffisante. Elles sont d'ailleurs toutes cataloguées.

G. V.

CATALOGUE DES ACTES
DU DAUPHIN LOUIS II

3ME SUPPLÉMENT
1440 — 1483

2005 *Grenoble, 14 décembre 1440.*

Ordonnance des auditeurs de la Chambre des comptes du Dauphiné, enjoignant aux châtelains delphinaux de rendre leurs comptes à la dite Chambre, dans les délais fixés [1].

MENTION. U.-J. Chevalier, *Ordonn.*, n° 376.

2006 *Chartres, 19 décembre 1440.*

Lettres du roi Charles (VII), par lesquelles il donne au dauphin Louis, son fils, pour lui aider à supporter les grandes charges et

[1] Les châtelains delphinaux, conformément à une ordonnance du roi-dauphin Charles V, du 19 février 1378, n. s. (B 3246), devaient chaque année, apporter leurs comptes à la Chambre des comptes, le jour de la fête de Saint-Jean-Baptiste, 24 juin. Lorsqu'ils étaient en retard de le faire, la Chambre des comptes leur intimait l'ordre de se présenter pour compter, dans un délai plus ou moins restreint. Le 4 juin 1473, elle enjoignit à noble Pierre de Mons, châtelain du Champsaur, de se présenter dans les quinze jours, sous peine de 50 marcs d'argent d'amende et de privation de son office (B 3232, f° 6) ; le 19 août 1475, la même Chambre ne donna au même Pierre de Mons, que huit jours pour rendre compte, comme châtelain de Grenoble, et ce sous peine de 25 marcs d'amende (*id.*, f° 17). — Dans les cas d'empêchements légitimes, les châtelains obtenaient des délais indéterminés ; c'est ainsi qu'en obtinrent : le 20 déc. 1473, Robert de Gramont, châtel. de Crest, qui se trouvait auprès du roi ; le 1er juin 1474, Jean Alloix, châtelain d'Uppie et de Beaufort, qui avait été mandé auprès du roi ; et, le 19 juillet 1474, Etienne de Poisieu, dit le Poulailler, châtel. de Dolomieu « qui nuper fuit captus per Cathelanos et adhuc detinetur captivus » (B 3232, f°s 9, 12 v°, et 63 v°).

dépenses qu'il était obligé de faire, les château, châtellenie, terre et seigneurie de Roquesetrière, en la sénéchaussée de Rouergue.

Mention. *Invent. des titres de la Chambre des comptes, Pays étrangers : Auvergne.*

2007 *Grenoble, 9 février 1441.*

Lettres du gouverneur du Dauphiné, prises à la relation du Conseil, par lesquelles, sur une supplique présentée par les habitants de la ville et du mandement de Tullins, il fixe l'évaluation en argent des droits seigneuriaux, tels que corvées, fenage, palléage, chevrotage, etc. La *trousse* de foin ou de paille y est évaluée 6 den. tournois ; la geline, 12 d. t.; le chevreau, 2 s., 6 d. t.; la corvée de bestiaux de labour, 3 s., 9 d. t.; la corvée personnelle, 15 d. t., etc.

Publiées. *Recueil des édits, déclarations, concernant la province du Dauphiné,* Grenoble, A. Giroud, 1690, t. Ier, p. 319.

2008 *Grenoble, 23-26 mai 1441.*

Procès-verbal des délibérations des Trois-Etats du Dauphiné, convoqués à Grenoble, par ordre du dauphin Louis. Dans la grande salle de la maison delphinale, en présence des membres du Conseil delphinal, des représentants du clergé, de nombreux barons et nobles et de 32 délégués de diverses villes et châtellenies, les ambassadeurs du dauphin, Guillaume Cousinot, maître des requêtes de l'hôtel du roi et du dauphin, et Gabriel de Bernes, seigneur de Targes, maître d'hôtel du dauphin[1], demandent au nom du prince, la levée d'une taille de 50,000 florins. Jean de Saint-Germain, prévôt de Saint-André[2], au nom des Etats, réclame un délai pour délibérer sur cette demande. — Les Etats se réunissent ensuite à l'évêché ; Jean de Saint-Germain relate les nouveautés introduites, les destitutions de baillis, de conseillers delphinaux et d'auditeurs des comptes, le droit de gabelle nouvellement mis sur le sel transporté de Dauphiné en Savoie, à raison de 8 gros pour chaque animal chargé ; il rappelle, aussi, que le dauphin en prenant possession du Dauphiné, n'a pas

[1] Voir, sur Guillaume Cousinot, la note 2, p. 18, et sur Gabriel de Bernes, la note 4, p. 2, du t. Ier.

[2] Sur Jean de Saint-Germain, voir la note 2, p. 180, t. Ier.

juré d'observer les libertés delphinales[1]; toutefois, en considération des charges qui incombaient au pouvoir pour chasser les Anglais, il convient d'accorder une aide. Le même Jean de Saint-Germain donne ensuite sa démission de procureur des Etats, attendu son grand âge, ses infirmités et ses occupations. Après délibérations, les Etats décident : qu'il sera offert au dauphin un subside de 25,000 florins ; qu'une ambassade lui sera envoyée pour lui exposer les doléances des Etats, au sujet de la gabelle, des destitutions d'officiers et de l'omission du serment ; qu'Ainard de Vourey[2], riche marchand de Grenoble, est nommé receveur de l'aide accordée, en remplacement d'Hélie de Linaye[3], secrétaire du roi ; et que François Portier[4], licencié ès-lois, est adjoint, comme procureur des Etats, à Jean de Saint-Germain, dont la démission n'est pas acceptée. Les ambassadeurs du dauphin, introduits dans la salle des délibérations, insistent pour obtenir 50,000 florins ; après leur départ, les Etats délibèrent de nouveau, et sur la proposition de l'évêque de Grenoble, élèvent le subside à 30,000 florins, et décident qu'il sera levé, dans ce but, une taille de 3 florins par feu, qui devra être recouvrée pour la fête de Saint-André, et à laquelle contribueront tous les sujets, à la seule exception des nobles et des clercs. Sont élus pour composer l'ambassade envoyée au dauphin, Guillaume bâtard de Poitiers et Jean Copier[5], bailli du Viennois-Valentinois, à cause de leurs relations avec les personnes de l'entourage du dauphin, et le nouveau procureur des Etats, François Portier; Simon Galbert, dit Bargène[6], secrétaire delphinal et des Etats, les accompagnera. Sont ensuite désignés : l'évêque de Grenoble, le prieur de Saint-Donat, les seigneurs de

---

[1] Le dauphin accomplit cette formalité, à Saint-Denis, le 3 août 1441 (acte n° 1838).

[2] Sur Ainard de Vourey, qui devint dans la suite valet de chambre et échanson du dauphin, vibailli du Graisivaudan et châtelain de Corps, voir la note 1, p. 386, t. 1er.

[3] Hélie de Linaye, secrétaire du roi et du dauphin, était déjà chargé en 1437, de recouvrer l'aide votée en faveur du dauphin (acte n° 1).

[4] Sur François Portier, qui devint président du parlement de Grenoble, voir la note 1, p. 83, t. 1er.

[5] Voir sur Guillaume bâtard de Poitiers, les notes 1, p. 16, t. 1er, et 3, p. 3, t. II ; et sur Jean Copier, les notes 4, p. 14, t. 1er, et 1, p. 403, t. II.

[6] Sur Simon Galbert dit Bargène, voir la note 2, p. 232, t. 1er.

Saint-Priest et de Morges [1], et François du Plâtre, pour, avec l'assistance du président delphinal et d'un auditeur des comptes, examiner les comptes d'Hélie de Linaye, receveur du subside de 30,000 florins accordé par les Etats, assemblés à Saint-Symphorien-d'Ozon, en juillet 1440, et de celui de 8,000 florins concédé par les mêmes Etats, réunis à Grenoble, comme don de joyeux avènement, au dauphin, lors de sa prise de possession du Dauphiné. — Finalement, les délégués du dauphin sont convoqués à une séance solennelle, dans laquelle Jean de Saint-Germain, expose, dans un long discours, que le Dauphiné ne peut donner que 30,000 florins, après quoi les ambassadeurs du dauphin acceptent et remercient.

ORIGINAL. B 3261, rouleau parchemin.

ANALYSES. Fauché-Prunelle, *Essai sur les anciennes institutions des Alpes Cottiennes-Briançonnaises*, Grenoble, 1857, t. 2, p. 424. — *Inv. som. des Arch. de l'Isère*, t. 2, p. 242. Cette dernière analyse renferme de nombreuses erreurs.

2009 *Grenoble, 20 octobre 1441.*

Lettres du gouverneur, prises à la relation du Conseil, par lesquelles il mande aux courrier et gardier delphinaux de Vienne de faire expresse défense, au nom du dauphin, à Nicolas Véry [2] et autres, de rien entreprendre à l'encontre de la Pragmatique sanction ou de la teneur des lettres royales et delphinales, ni au préjudice du procès que le dit Véry soutenait devant le Conseil delphinal contre Antoine Piochet [3], docteur en décrets, et Vital du Breuil; et, aussi, de molester ou offenser les dits Piochet et du Breuil, et Jean d'Auxerre, notaire, leur procureur, ou tous autres leurs hommes d'affaires, et ce sous peine d'une amende de 25 marcs d'argent et de toutes autres peines.

COPIE. B 3252, f° 46.

[1] Aimon II de Chissé, évêque de Grenoble; Siboud Alleman de Séchilienne, prieur de Saint-D[illegible], devenu évêque de Grenoble, après le précédent; Gillet Richard, seigneur de Saint-Priest; Humbert Bérenger, seigneur de Morges.

[2] Nicolas Véry était, en 1445, curé de Saint-Etienne-de-Saint-Geoirs (B 2738).

[3] Antoine Piochet devint dans la suite prévôt de Lausanne, chantre de Genève et confesseur du duc de Savoie, Louis (voir la note 1 de la p. 321, t. II).

2010 *Grenoble, 14 novembre 1441.*

Lettres du gouverneur, prises à la relation du Conseil, par lesquelles il met sous la sauvegarde et protection du dauphin, Jean d'Auxerre, clerc et notaire de Vienne, que noble Pierre Costaing, dit Mortier[1], gardier delphinal de la même Ville, avait, le 7 octobre précédent, choisi pour son lieutenant[2].

COPIE. B 3252, fº 34, vº.

2011 *Grenoble, 18 décembre 1441.*

Lettres du gouverneur par lesquelles il proroge et renouvelle, au nom du dauphin, pour une durée de sept ans, à partir de la pro-

---

[1] Pierre Costaing, dit Mortier, qui exerçait l'office de gardier delphinal de Vienne, depuis 1397, fut remplacé dans ses fonctions, le 20 sept. 1442, par son neveu, Guigues Costaing (acte nº 49).

[2] Jean d'Auxerre, peu après sa nomination de lieutenant du gardier, fut l'instigateur involontaire d'assez vifs démêlés entre les officiers delph. et l'archevêque de Vienne. Requis, par le prêtre Vital du Breuil, pour signifier à l'archevêque des lettres qu'il venait d'obtenir contre Nicolas Véry, relatives à l'observation de la Pragmatique sanction (voir l'acte qui précède), Jean d'Auxerre ayant aperçu le prélat qui sortait, le 3 décembre vers les cinq heures du soir, de l'hôpital du Pont-du-Rhône, crut l'occasion favorable pour accomplir sa mission; mais, avant d'avoir même pris connaissance des lettres qui lui étaient remises, l'archevêque entra dans une violente colère, et s'adressant aux personnes de sa suite, leur cria : *tenez et prenez ce ribault, et le menez en prison.* Les gens de l'archevêque se ruèrent aussitôt sur Jean d'Auxerre, déchirèrent ses vêtements et le terrassèrent, après lui avoir fait plusieurs blessures, pendant que l'un d'eux, Ansermet de Rougemont, de Saint-Chef, déchirait les lettres royales, dont il s'était emparé. Enfermé dans les prisons archiépiscopales, Jean d'Auxerre y resta jusqu'au surlendemain, jour où, vers une heure de l'après-midi, l'archevêque lui-même vint lui ouvrir la porte de son cachot et lui rendre la liberté, tout en lui adressant des paroles injurieuses, et entre autres : *va-t-en de par le diable, que jamais ne te voye.*

Aussitôt informé de ces faits, le Conseil delphinal chargea Jean de Vourey, secrétaire delph. et procureur fiscal de la Cour du Graisivaudan, de se rendre à Vienne, pour faire relâcher le prisonnier et ouvrir une information sur cet attentat. Dès le jour de son arrivée, 8 décembre, le commissaire s'empressa de recueillir les dépositions de Pierre Costaing, gardier, de Barthélemy de Nyèvre, juge de la Cour commune des comtes de Vienne, de Laurent de l'Eglise, procureur fiscal de la même cour, d'Antoine Turin, courrier, et de plusieurs autres témoins (B 3252, fº 30).

chaine fête de Noël, les privilèges, libertés et immunités précédemment concédés aux juifs et juives fixés en Dauphiné[1], moyennant, toutefois, le versement, entre les mains du Trésorier du Dauphiné, de la somme de 500 florins d'or, payable en deux termes égaux : le

[1] Les privilèges et immunités dont jouissaient les juifs du Dauphiné furent, depuis lors, confirmés ou renouvelés par le dauphin Louis, les 16 juin 1451, 6 mars 1453, et 14 mars 1476 (actes nos 879, 1013 et 1646)

Si Louis XI toléra et même protégea les juifs qui habitaient le Dauphiné, à raison, sans doute, de ce qu'ils étaient une source de revenu pour le fisc, il faut cependant reconnaître que les populations ne cessèrent de se plaindre de leur présence et surtout de l'usure effrénée qu'ils pratiquaient. Les enquêtes faites dans les Baronnies et le Valentinois, à l'occasion des révisions de feux, contiennent, de la part des habitants de ces régions, de nombreuses plaintes contre les juifs, à la présence desquels ils attribuaient une large part de la misère où ils étaient plongés. A Mirabel et à Piégon, en 1446, les habitants exposent que les juifs les ruinent « quando habitantes mandamenti Mirabelli indigent peccunias accedunt ad judeos Carpentaurate a quibus accomodant peccunias pro quibus « magnas usuras anno quotibet faciunt. — Sunt aliqui ex hominibus Podii Guigonis usuris onerati propter peccunias quas a judeis Carpentaurate accomodaveant « propter quas anno quolibet magna faciunt tributa » (B 2739, fos 85 et 94). — Les habitants de La Garde et de Rac, en 1447, font une déclaration identique : « ipsi pauperimi homines sunt deo teste exheredati et tam judeis quam christianis, « sub magnis usuris obligati, ob quod major pars ipsorum hominum est excomu- « nicata et gravibus expensis afflicta » (B 2743, fo 20). — En 1448, ceux d'Etoile, de Charpey et de Chabeuil n'attribuent également, en grande partie, la cause de leur pauvreté qu'à l'usure des juifs : « diversis creditoribus sunt obligati et per « illos diversis expensis cotidie onerantur, et maxime per judeos erga quos multum « sunt obligati et fatigati et ita quod non habeant quam manducare. — Propter « expensas quas supportare habuerunt in reddemptione facta de manibus « domini Bochagii, in qua exposuerunt IIIe fl. pro quibus sunt adhuc judeis obli- « gati, quibus solvunt usuras ultra cumulationem expensarum. — In loco Cabeoli, « sunt circa sex viginti homines excomunicati ad instanciam judeorum Valencie, « qui propter eorum paupertates solvere non possunt sed semper consumuntur in « expensis et usuris (B 2743, fos 115, 177 vo, et B 2738, fo 447). — Enfin, mêmes plaintes formulées, en 1449, à Montmeyran : « tercia pars hominum, pro- « pter eorum paupertates, tenetur in pluribus et diversis summis judeis Valencie et « aliis mercatoribus circumvicinis, quibus solvere non possunt sed cotidie sunt « excomunicati et de eorum bonis et pignoribus pignorati » (B 2743, fo 183).

En 1453, on voit les gens des Trois-Etats du Dauphiné demander au dauphin l'expulsion des juifs qui s'étaient, depuis peu, fixés à Briançon, où ils ruinaient le pays par leurs usures (acte no 1006 *bis*). De leur côté, en 1461, les gens des Trois Ordres des comtés de Valentinois et de Diois, dans une requête pour obtenir

premier, le jour de la fête de Saint-André, et, le second, à pareil jour de l'année suivante, somme que Moïse Dandeli, fils de Jacob, de Crémieu, et Aquinet Salomon, dit de Piget, de Saint-Symphorien-d'Ozon, au nom de tous les autres juifs, avaient promise et pour

---

une diminution de leurs feux, s'expriment ainsi au sujet des juifs : « in dicto « bayllivatu Valentinense et Dyense habitant judei, qui tamen alibi in patria « dalphinale non habitant, preterque in eodem bayllhagio ubi maximum gravamen « et onus inferunt habitatoribus eiusdem ; quam, ut est notorium, vivunt de « usuris, extortis a Christiannis habitatoribus dicti bayllivatus, nec artem quamcumque « aliam habent seu exercent unde sustententur, nisi de usuris, et ex « sudore atque labore pauperum subdictorum multiplicibus prociatibus et dolosis « ingeniis dictim et incopiosis summis extortis, quod valde depauperant jam « ipsos habitantes ; et nisi de proximo aliquod remedium apponatur erit occasio « depopulationis et destructionis totalis dicte patrie Valentinensis et Dyensis » (B 2766 et acte n° 1069).

En présence de toutes ces récriminations contre les juifs, le pouvoir delphinal se contenta de prendre quelques mesures coercitives. En 1462, le gouverneur fait défense aux notaires de recevoir des contrats passés avec des juifs ; et aux greffiers de poursuivre le recouvrement des créances qui leur étaient dues, sans les avoir préalablement fait vérifier et taxer par le juge compétent. Quelques années après, le lieutenant-général, Soffrey Alleman, interdit aux notaires, sous peine d'une amende de 10 marcs d'argent, de recevoir des contrats en faveur de juifs, dans lesquels le débiteur chrétien serait soumis à une autre juridiction que sa juridiction ordinaire ; et aux juifs, sous peine de bannissement, de poursuivre leurs débiteurs devant toutes autres juridictions (*Statuta delphinalia*, éd. 1619, f° 19, v°, 2ᵉ part., et f° 116).

Au milieu du XVᵉ siècle, il ne restait plus cependant en Dauphiné que peu de juifs, résidant tous dans les cinq villes de Saint Symphorien d'Ozon, Vienne, Valence, Crest et Montélimar, toutes situées dans la vallée du Rhône. En 1450, le châtelain de Crest percevait sur les juifs de cette ville, au nombre desquels se trouvaient : Jaye de Loriol, Joseph de Lauris, et maître Diolosal de Milhau, médecin, un impôt de 7 fl., 4 gros (Compte de la châtel. de Crest). Une révision de feux faite à Valence, en 1450, constate, alors, dans cette ville, l'existence de neuf ménages juifs, ceux de Sansin d'Avisan, d'Azariel de Bâle, taxés chacun pour un feu, de Gabriel Levy, d'Aquin Amandan, de Manicier de *Trevol*, comptés ensemble pour un seul feu, et de Aaron Levy, Vivand de Bruyères, Salomon de Chippres, Amandan de La Balme, qualifiés de misérables (B 2747, f° 422).

En 1463, il y avait, au moins, dans la même ville de Valence 14 familles juives (voir l'acte n° 1937). — En 1457, on comptait, à Saint-Symphorien-d'Ozon, cinq juifs taillables, mais l'année suivante, il n'y en avait plus que deux : Aquin Benjamin et Bonfils Benjamin (B 2748, f°ˢ 49 et 61). — En 1461, Montélimar était habité par neuf juifs « legem Moysicam habentes », savoir : Boniface Astruc, Salomon

laquelle ils s'étaient obligés; et sous la condition, en outre, que les juifs du Dauphiné paieraient les péages, gabelles et autres droits accoutumés, ainsi qu'une pension annuelle d'un marc d'argent par feu juif.

COPIE. Titres de la Chambre des comptes, *Juifs*.

2012 *Grenoble, 23 décembre 1441.*

Lettres par lesquelles Jean de Ciserin, juge mage du Graisivaudan, commissaire à ce délégué, commet, au nom du dauphin, noble Jean Bérard, vichâtelain de Theys et La Pierre, pour régir et administrer les terres de noble Hugues de Commiers[1], qui avaient été confisquées et mises sous la main delphinale.

COPIE. B 2961, f° 246.

2013 *Au Pont, mandement de Château-Dauphin, 1er janvier 1442.*

Transaction passée entre le Conseil delphinal et les délégués de la châtellenie de Château-Dauphin, par laquelle les habitants de cette châtellenie sont désormais déclarés exempts de tous droits de lods et ventes, moyennant le paiement d'une somme de 60 ducats et, d'une pension annuelle de 12 ducats d'or[2].

COPIE. B 3718.

Mancip, Bonfils Boniface, Isaac de Mornas, Jacob Isaac de Latran, Mancip de Latran, Saül Monier, Vidon de Viviers et Boniface Proffachon (B 2768). — Enfin, à Vienne, en 1468, les juifs de cette ville, savoir: Bonfils Benjamin, Amey de Valdaine, Joseph de Trèves, Moïse de Monteil, le juif Aquinet, la juive *Bona* et le seigneur Lévy, ainsi que leurs familles, soit en tout 24 personnes, étaient taxés pour la somme de 5 fl., 2 gros.

[1] Hugues de Commiers, écuyer, seigneur d'Etappes, venait d'être condamné, par sentence du juge mage du Graisivaudan, à la peine du bannissement perpétuel et à la confiscation de ses biens, pour avoir assassiné Jacques Eymeric, religieux du prieuré de Saint-Pierre-d'Allevard. Peu après, il obtint des lettres de grâce du dauphin (actes nos 1189 *bis* et 1842). Voir sur le même Hugues de Commiers, qui fut également impliqué, en 1460, dans les poursuites dirigées contre son parent Roux de Commiers, la note 4, p. 476, du t. 1er.

[2] Cette transaction fut ensuite confirmée par le dauphin, en 1443 (acte n° 76).

2014 *Grenoble, 11 janvier 1442.*

Hommage prêté au dauphin, entre les mains de Gabriel de Bernes, seigneur de Targes, lieutenant du gouverneur du Dauphiné, par Jacques Albert[1], prévôt de l'église cathédrale d'Embrun, pour la terre des Orres, que Jean Savin, son prédécesseur, avait déjà reconnu tenir en fief du dauphin, et, aussi, pour tout ce qu'il possédait, à raison de sa prévôté, dans le mandement des Crottes.

Copie. B 2997, f° 1.

2015 *Grenoble, 27 janvier 1442.*

Lettres du gouverneur, adressées à Jean Guiffrey et Jean Paniot, secrétaires delphinaux et clercs des comptes, par lesquelles il leur mande de faire payer à Amédée Martin, ancien notaire et fermier de la Cour de Vizille, les vacations et actes qu'il avait faits, par ordre du trésorier et de l'avocat fiscal du Dauphiné, pour vendre aux enchères les biens, meubles et immeubles, confisqués sur Jeanne Charat, de Vaulnaveys, qui avait été condamnée, par le juge mage du Graisivaudan, à la peine de mort, comme hérétique et *feyturière*[2].

Original. Titres de la Chambre des comptes, *Juifs et hérétiques.*

---

[1] Jacques Albert venait d'obtenir un arrêt du Conseil delphinal qui le maintenait en possession de la prévôté de l'église d'Embrun, contre un compétiteur, Romanet Veilheu, chanoine de Saint-Barnard de Romans, qui se prétendait pourvu du même bénéfice (voir sur ce dernier, la note 3, p. 156, t. 1er). Une quittance, du 25 mai 1464, apprend que Jacques Albert, alors conseiller et confesseur du roi Louis XI, touchait une pension annuelle de 1,200 l. t., qu'il devait à la libéralité de ce prince (Arch. nat., k 70, n° 17). Ce fut le même personnage que Louis XI essaya, mais en vain, en 1466, de faire nommer archevêque d'Embrun, en place de Jean Baile, qui s'était attiré son inimitié (voir la note 1, p. 132, t. II).

[2] Durant le cours des XIVe et XVe siècles, de nombreux habitants furent poursuivis, en Dauphiné, et condamnés à la peine de mort, pour crimes d'hérésie et de sorcellerie, car le plus souvent on ne faisait entre eux aucune distinction. Les comptes des châtelains, les révisions de feux et divers registres de procédures criminelles, encore conservés dans les archives départementales de l'Isère, mentionnent un très grand nombre de condamnations prononcées contre de prétendus sorciers ou *feytariers* et *fachariers*, comme on les appelait anciennement. On les accusait de pratiques diaboliques les plus étranges, de scènes d'immoralité, de promiscuité de sexes, d'actes contre nature et d'autres monstrueuses horreurs que l'ima-

2016 *Grenoble, 7 février 1442.*

Lettres des auditeurs de la Chambre des comptes, par lesquelles ils adjugent, au nom du dauphin, à noble Pierre Broard, de Bellecombe, comme plus offrant et dernier enchérisseur, la faculté de charbonner le bois blanc, les *grobes* et le bois mort de la forêt de La Servette[1], située dans les mandements de La Buissière et de Bellecombe, moyennant le prix de 10 gros pour chaque douzaine de charges de charbon, mesure du lieu, et sous la condition d'effectuer le charbonnage dans un délai de cinq ans.

COPIE détachée, jointe au compte de la châtellenie de La Buissière, pour l'année 1441.

2017 *27 juillet 1442.*

Hommage prêté au dauphin par Louis de Saint-Marcel, pour la terre de Valserres.

MENTION. *Invent. des titres de la Chambre des comptes, Gapençais.*

---

gination la plus perverse a peine à concevoir et que la langue française se refuse à décrire (Arch. de l'Isère, *Libri facharreriorum*).

En 1437, le juge mage du Briançonnais condamne à être brûlés vifs « vivus con« cremetur et vorace flama concremetur » plusieurs habitants des deux sexes, accusés d'adorer le diable comme leur dieu, et de pratiquer des sortilèges, des maléfices et de la nécromancie (*quintus liber facharreriorum*, f° 222). La même année, 1437, le juge de Bourgoin, condamne la nommée Nicole, de Châbons, à être pendue, comme fachurière (compte de la châtellenie de Bourgoin pour 1438). En 1438, le juge de La Tour-du-Pin, condamne également à être brûlé vif, après l'avoir préalablement soumis plusieurs fois à la question, le nommé Pierre Vallin dit Périer, de la paroisse de Sainte-Blandine, au mandement de Châteauvilain, accusé de sorcellerie ; « arte dyabolica imbutus, sue salutis immemor et deum preoculis non habens, « sed a fide catholica se divertens hereticam pravitatem incopiens, sortilegia quam « plurima comisit et perpetravit, invocatione demonis infernalis, hiis in magistrum « suum recepit qui Belzebut demonem inferni nuncupatum in suis actibus invo« cavit ac appellavit » (B 2972 f° 580). — En 1446, Guigues Olier, de la paroisse du Genevrey, près de Vif, fut également pendu comme feyturier (B 2741, f° 622). — En 1473, le vibailli du Graisivaudan condamne aussi à la peine de mort, comme hérétiques et feyturières, les nommées Aimonnette Cottet, du Moutaret, et Perronnette, veuve de Jean Coste, de La Chapelle-Blanche (*Decimus copiarum Graisiv.*, f° 43).

[1] Voir, sur cette forêt, les actes n°s 996, 1319 et 1741.

2018 *4 août 1442.*

Hommage prêté au dauphin par Pierre de Saint-Germain, pour la coseigneurie de Jarjayes, qu'il avait acquise de Jean, son frère, le 28 avril précédent, au prix de 1,000 florins d'or[1].

MENTION. *Invent. des titres de la Chambre des comptes, Gapençais.*

2019 *Grenoble, 23 août 1442.*

Lettres du gouverneur, prises à la relation du Conseil et adressées aux châtelains de La Côte-Saint-André et de Beaurepaire, par lesquelles, — à la demande de Jean Paniot, secrétaire et clerc des Comptes delphinaux, notaire du procès criminel intenté, par le Procureur général fiscal du Dauphiné, contre Louis de Miolans, coseigneur d'Anjou et de Surieu, seigneur de Faramans et de Jarcieu, et ses complices, qui s'étaient emparés de force du château d'Anjou et de la personne de feue Jordanne de Roussillon, dame d'Anjou[2], nonobstant la sauvegarde delphinale qui la protégeait elle et ses

---

[1] Pierre de Saint-Germain laissa pour héritier son fils Louis, qui, le 31 août 1470, prêta à son tour hommage au roi-dauphin pour le fort de Jarjayes, ainsi que pour le lieu de La Villette en Champsaur, une part de la seigneurie du Valgaudemar et de la paroisse de Saint-Firmin avec 12 hommes et juridiction, et des cens à Saint-Jacques, Saint-Michel, Saint-Firmin, etc. (*Invent. des titres de la Chambre des comptes, Graisivaudan*, t. II, f° 7, v°).

[2] Louis de Miolans, fils d'Agnès de Roussillon, qui convoitait, ainsi que son frère aîné Jacques, seigneur de Miolans, en Savoie, le riche héritage de Jordanne de Roussillon, leur tante, veuve de Joffrey, seigneur de Bressieux, laquelle n'avait aucun descendant mâle, s'était emparé de force du château d'Anjou où habitait Jordanne et avait détenu prisonnière cette dernière jusqu'à ce qu'elle lui eût consenti l'abandon de ses biens, par un acte authentique, que dressa André Gonin, notaire d'Anneyron. Aussitôt qu'elle eût recouvré la liberté, Jordanne implora la protection et l'appui du roi Charles VII, et des officiers delphinaux, qui s'empressèrent d'intervenir et d'exercer des poursuites contre Louis de Miolans; mais, comme ce dernier avait jugé prudent de se retirer en Savoie, le Conseil delphinal ne put que prononcer contre le coupable une condamnation par défaut.

C'est à la suite de cet incident que Jordanne de Roussillon, en reconnaissance des grands services que lui avait rendus le roi dauphin, se reconnut la vassale de ce prince, et lui fit donation, le 31 mai 1429, de la suzeraineté de la baronnie d'Anjou, qui, jusqu'alors, avait été possédée en franc-alleu par ses seigneurs (B 2966, f°s 541-611).

biens, — il leur mande et enjoint de poursuivre le susdit Louis de Miolans par saisie et ventes de ses biens, ou tous autres moyens qu'ils aviseront, pour le contraindre à payer l'amende de 50 marcs d'argent, à laquelle il avait été condamné envers le dauphin, par arrêt du Conseil delphinal du 10 mars 1429.

ORIGINAL. B 2982, f° 84.

2020 *6 novembre 1442.*

Hommage prêté au dauphin, entre les mains du gouverneur, par Jean Marcel, de Marsanne, héritier de Pierre Jaliflier, pour tout ce qui avait été inféodé à ce dernier, le 16 juin 1404, par Louis, comte de Valentinois, à savoir : une maison appelée Crotte, sise à Marsanne, un pré nommé Pracomtal, la faculté d'acquérir des terres ou rentes jusqu'à la somme de 100 florins, sans payer de lods, la franchise du droit de fournage pour le pain nécessaire à l'usage de sa maison, etc.[1]

MENTION. *Invent. des titres de la Chambre des comptes, Valentinois*, t. 3, f° 400.

2021 *Montauban, 3 février 1442 (1443).*

Lettres du roi Charles (VII), par lesquelles, — après avoir relaté que pour subvenir aux charges de la guerre, il avait ordonné de lever sur le sel, importé en Savoie et Piémont, une gabelle de 10 sous tournois sur chaque sommade ou bête chargée, qui depuis, cependant, avait été abaissée à 5 s. t. ; mais qu'il avait été informé que cette gabelle causait un grave préjudice, tant au fisc qu'à ses sujets et à ceux du Dauphiné, — sur les instances du duc de Savoie, il révoque et annule la dite gabelle et déclare qu'à l'avenir, le sel importé en Savoie ne payera que les droits anciens, à la condition, toutefois, que le duc de Savoie[2], de son côté, lèverait la prohibition qu'il avait mise d'importer dans ses états du sel de France ou du Dauphiné ; et mande, à

[1] A propos de Jean Marcel, le procès-verbal d'une révision des feux faite à Marsanne, en 1453, porte la mention suivante : « Johannes Marcelli, qui est talliatus, « non vult contribuere quia dicit quod fecit homagium nobilem et se armavit ad « servicium domini » (B 2766).

[2] Le duc de Savoie, de son côté, leva les prohibitions qu'il avait faites par lettres données à Genève, le 25 mai suivant (acte n° 1841). — Les gens des Trois-Etats du Dauphiné avaient également protesté contre cette imposition (acte n° 2008).

cet effet, aux sénéchal de Beaucaire, bailli de Mâcon et sénéchal de Lyon, visiteur des gabelles à sel, et tous autres justiciers et officiers royaux, de faire publier les présentes et d'en faire observer la teneur.

2022 *Crest-Arnaud, 9 avril 1443.*

Lettres du gouverneur, par lesquelles, — après avoir exposé que les gens des Trois-Etats des comtés de Valentinois et de Diois, dans leurs récentes assemblées, tenues à Crest, n'avaient point voulu fixer la somme du subside à accorder au dauphin, avant d'être fixés sur le nombre exact des feux que comprenaient les dits comtés, — il commet Jean Baile, avocat fiscal, et Juste Méhenze, juge majeur des appellations et des nullités du Dauphiné, conseillers delphinaux, pour procéder, avec l'assistance d'Antoine d'Hostun, seigneur de La Baume, bailli des comtés de Valentinois et de Diois, des curés ou vicaires des paroisses, des officiers delphinaux et de prud'hommes de leur choix, à la fixation du nombre des feux de tous les mandements et châtellenies des dits comtés, ainsi que du lieu de Bellegarde, aux Baronnies ; et leur prescrit : de ne comprendre parmi les solvables que ceux dont les biens ou les facultés auraient une valeur de 10 francs d'or, déduction faite de toutes dettes ; de s'enquérir des causes de misère et de diminution des habitants ; de recevoir fidèlement leurs réclamations et de rédiger un rapport qu'ils transmettront au Conseil, qui pourvoira, ensuite, sur le tout, ainsi que de raison[1].

Copies. B 2737, f°s 49 et 58.

2023 *Grenoble, 13 juin 1443.*

Lettres du gouverneur, prises à la relation du Conseil, par lesquelles, — en exécution d'un accord que venaient de conclure, devant le Conseil delphinal, François de Beaumont, seigneur de La Frette, en qualité de tuteur des enfants de feu Louis de Beaumont, joint à lui le procureur général fiscal, d'une part, et le procureur de Charles de Poitiers, seigneur de Saint-Vallier[2], d'autre part, — il mande aux

---

[1] Sur la révision des feux des mêmes comtés, voir les lettres du 26 mars 1461, (acte n° 2110).

[2] Charles de Poitiers, chevalier, conseiller et chambellan du roi, seigneur de

châtelains de Peyrins, de Serres et d'Upaix, de mettre les dits pupilles en possession des seigneuries de Vals et de Veynes, qui leur étaient accordées en compensation des château et terre de Rochefort, que leur aïeul, Humbert de Beaumont, avait reçu en engagement de Louis de Poitiers, père du susdit Charles; et ce attendu que le roi-dauphin (Charles VII) avait déclaré, par ses lettres du 8 décembre 1438,

---

Saint-Vallier, était fils de Louis de Poitiers, seigneur de Saint-Vallier, et de Catherine de Giac sa première épouse. Il épousa, lui-même, le 11 juin 1419, Anne de Montlaur, fille de Louis, seigneur de Montlaur, et de Marguerite de Polignac, dont il eut, entre autres enfants : Aimar de Poitiers, qui fut seigneur de Saint-Vallier et grand sénéchal de Provence, et Guillaume de Poitiers, baron de Clérieu, marquis de Cotron, qui devint, sous le règne de Charles VIII, gouverneur de Paris et de l'Ile-de-France (voir, sur ces personnages, les notes 2, p. 122, et 3, p. 178, du t. II). — Après avoir testé, le 11 février 1454, Charles de Poitiers mourut en 1455, abreuvé d'ennuis et de chagrin.

Charles de Poitiers eut avec le dauphin Louis de très vifs démêlés, au sujet de la possession du château et de la terre d'Etoile, en Valentinois, que le roi Charles VII, par suite d'une transaction, du 24 juillet 1426, avait abandonnés à Louis de Poitiers, son père, en compensation de l'abandon qu'il lui faisait de ses prétentions sur les comtés de Valentinois et Diois, (voir la note 1, p. 445, t. Ier). Le dauphin Louis, qui tenait essentiellement à recouvrer la terre d'Etoile, pour l'inféoder, à son tour, à Louis, seigneur de Crussol, en garantie de grosses sommes d'argent qu'il voulait lui emprunter (acte n° 1136), prescrivit, dès le 22 août 1448, au Conseil delphinal de faire des offres à Charles de Poitiers, pour obtenir la rétrocession de la terre d'Etoile (acte n° 651); mais les délégués du dauphin, Aimar de Poisieu, dit Capdorat, Jean Bochétel et autres, ayant échoué dans leur mission, le dauphin conçut, dès lors, contre Charles de Poitiers, la plus violente animosité, lui créa « plusieurs grans oppressions et menaces », et, finalement, fit saisir, en 1452, toutes les terres qu'il possédait en dauphiné, sous prétexte qu'il ne lui en avait point fait hommage (note 2, p. 444, t. Ier). Pour fuir le ressentiment du dauphin, le seigneur de Saint-Vallier quitta le Dauphiné et se retira à Arlande, où il tomba gravement malade ; cependant, pour éviter de plus grands maux, cédant aux sollicitations réitérées des envoyés du Dauphin, il finit par acquiescer, contre son gré, à un traité qui lui fut imposé, le 7 décembre 1454 (actes nos 1122 et 1124).

Les démêlés de Charles de Poitiers avec le dauphin Louis se trouvent longuement exposés dans des lettres patentes du roi Charles VIII, datées de Meung-sur-Loire, le 12 novembre 1483, et rendues à la suite d'une supplique d'Aimar de Poitiers, fils du susdit Charles, dans laquelle Aimar sollicitait de ce roi la cassation et l'annulation du traité de 1454 (B 2984, f° 594, et B 3591, f° 2).

Charles de Poitiers eut aussi de vifs démêlés avec Lancelot, bâtard de Louis II de Poitiers, comte de Valentinois, au sujet de la possession de la terre de Châteauneuf-de-Mazenc (voir la note 2, page 74, t. II)

vouloir rentrer en possession de la terre de Rochefort, qu'il avait cédée précédemment à Louis de Poitiers, seigneur de Saint-Vallier, par transaction du 24 juillet 1426.

COPIE. B 2983, f° 443.

2024 *Grenoble, 29 novembre 1443.*

Lettres du gouverneur, prises à la relation du Conseil et adressées au châtelain de Peyrins, par lesquelles, — après avoir exposé que la ferme des recettes du port de Confolens[1] avait été récemment délivrée à Peron Chabalet, pour une durée de trois ans, au prix de 400 florins, et ce, sans qu'il ait été procédé par voie d'enchères publiques, ce qui occasionnait un grave préjudice au dauphin, attendu que, depuis lors, François Effréat[2] en avait offert 500 fl., — sur la réquisition d'André Dury, procureur général fiscal, il mande de citer le dit Chabalet pour comparaître, à Grenoble, devant le Conseil delphinal, six jours francs après la date de la signification qui lui sera faite, pour voir procéder à une nouvelle adjudication de la ferme dont il s'agit[3].

COPIE. B 2982, f° 10.

2025 *1443.*

Hommage prêté au dauphin, ensuite de procuration donnée le 26 septembre 1443, par Pierre Maurin[4], cohéritier d'Antoine Abrivat, coseigneur de Savines, pour la part qu'il possédait de cette terre.

MENTION. *Invent. des titres de la Chambre des comptes, Embrunais.*

---

[1] Le port de Confolens, situé sur l'Isère, non loin de son embouchure dans le Rhône, avait été établi par les barons de Clérieu, et était devenu une possession delphinale en 1343.

[2] Voir, sur François Effréat, qui fut maître particulier de la Monnaie de Montélimar, la note 3, p. 215 du t. Ier.

[3] D'autres lettres du gouverneur, données à Grenoble, le 4 janvier 1444, enjoignirent aux châtelains de Peyrins et de La Roche de Glun, de mettre en possession de la ferme des recettes du port de Confolens, François Effréat, habitant de Valence, qui venait d'en obtenir la délivrance, pour une durée de trois ans et demi, au prix total de 536 fl., 8 gros (B 2982, f° 8).

[4] Ce Pierre Maurin est probablement le même que noble Pierre Maurin, damoiseau, seigneur de La Salle qui, en 1453, était lieutenant du sénéchal des comtés de Valentinois et Diois, au siège de Montélimar (B 2766).

2026 *Grenoble, 30 déc. 1443-3 janv. 1444.*

Procès-verbal des délibérations des Trois-Ordres du Dauphiné, convoqués à Grenoble, par ordre du dauphin Louis. Le seigneur d'Estissac [1], conseiller et premier chambellan du dauphin, présente, dans l'auditoire du Conseil delphinal, ses lettres de créance, ainsi qu'une lettre close du dauphin, adressée aux gens des Etats, qui furent lues par François Portier, procureur des Etats. Ainard de Bletterens, conseiller delphinal, après avoir exposé les grandes charges que le dauphin avait pour expulser les Anglais du royaume, et pour payer les gens de guerre de Salazart et du bâtard d'Armagnac, [2] employés au siège de Dieppe et ailleurs, réclame, au nom du dauphin, un subside de 40.000 florins. — Le lendemain, les Etats, assemblés dans le réfectoire des Frères-Mineurs, après avoir entendu le seigneur de Châteauvilain [3] et François Portier [4], rendre compte de leur ambassade auprès du dauphin, dont ils avaient été précédemment chargés par les Etats, rédigent 24 articles de doléances qui furent présentés à d'Estissac, qui y répondit le lendemain. Le même d'Estissac est aussi prié de confirmer Philippe Burle [5] et Pierre Marc [6], dans leurs fonctions de juges mages, ainsi que Pierre de Bollieu [7], dans celle de procureur fiscal de la cour du Graisivau-

---

[1] Voir, sur Amaury, seig. d'Estissac, la note 3, p. 191, t. 1er.

[2] Sur Jean de Salazart, voir la note 1, p. 37 ; et sur Jean, bâtard d'Armagnac, qui devint gouverneur du Dauphiné, les notes 1, pp. 315 et 512, t. 1er.

[3] Charles de Grolée, seig. de Châteauvilain, voir la note 3, p. 175, t. 1er.

[4] Sur François Portier, voir la note 1, p. 83, t. 1er.

[5] Philippe Burle, licencié ès-lois, était alors juge mage du Viennois-et-Terre-de-la-Tour. Il avait déjà rempli la même charge en 1427, époque où il était en même temps châtelain des terres de St-Symphorien d'Ozon, d'Azieu, de Vaulx, de Jonage et de La Bâtie-Montluel (B 2966, f° 265). Un acte de 1443, le qualifie de conseiller delphinal. Il vivait en 1448, année où il fut commis, le 2 sept., avec Gui Pape, pour procéder à la revision des feux des mandements de Vals et d'Etoile (B. 2751, f° 530).

[6] Pierre Marc, jurisconsulte, était juge mage du Viennois-Valentinois. Il avait été nommé au même office, par lettres du gouverneur Mathieu de Foix, le 27 oct. 1426, et, depuis lors, avait été à diverses reprises juge mage, soit du même siège, soit de ceux du Viennois-et-Terre-de-la-Tour et du Briançonnais.

[7] Sur Pierre de Bollieu, qui devint secrétaire delphinal, voir la note 2, p. 60, t. 1er.

dan. On accorde ensuite au dauphin un subside de 24.000 florins, monnaie courante, qui, à raison de l'urgence, sera péréqué en deux termes, soit un tiers payable pour la fête de la Pentecôte, et les deux autres tiers, à la fête de la Conception de la Vierge ; et, en outre, 1.000 florins à la dauphine, 2.000 florins au bâtard d'Orléans, comte de Dunois, pour l'aider à repousser les Anglais, 500 florins à d'Estissac et à Jean Daillon[1], et 80 florins aux Frères-Mineurs de Grenoble. Les subsides votés seront péréqués sur tous les sujets du Dauphiné, y compris les ecclésiastiques et les privilégiés. On délègue, finalement, les seigneurs de Surgères, de Chevrières, de Châteauvilain, d'Argental, de Morges[2], le prieur de St-Donat, Roux de Commiers et Hugues Marc, pour prendre connaissance des comptes que présentera Casin Chaille, trésorier général du dauphin, pour la part des subsides votés, afférente aux charges de la province, et, pour taxer les gages et autres dépenses des troupes levées pour garder le Dauphiné et empêcher que Salazart et le bâtard d'Armagnac n'y entrent, ainsi qu'ils en avaient manifesté l'intention.

COPIE. B 3003, f°s 308-313.

2027 *Grenoble, 24 octobre 1444.*

Lettres du gouverneur, prises à la relation du Conseil, par lesquelles, — vues : 1° l'autorisation accordée, le 28 juin précédent, par la communauté du Buis, à Antoine Christophe, l'un des conseillers de la dite ville, de faire repurger les fossés de cette ville, pour y tenir du poisson, qu'il s'offrait de livrer aux habitants au prix maximum de 12 deniers la livre, et de vendre le surplus comme il l'entendrait ; 2° ses lettres, données à Grenoble le 8 août suivant, enjoignant au châtelain du Buis de procéder à une enquête pour connaître les avantages de cette concession et de faire assigner devant le Conseil delphinal ceux qui y seraient opposants, pour qu'ils aient à justifier des motifs de leurs oppositions, etc., — il approuve et confirme l'auto-

---

[1] Sur Jean de Daillon, qui fut gouverneur du Dauphiné, voir la note 2, p. 36, t. 1er.

[2] Antoine de Clermont, seig. de Surgères ; Jean de Poitiers, seig. de Chevrières ; Bermond de Brion, seig. d'Argental, tous chevaliers ; Humbert Bérenger, seig. de Morges.

risation accordée par la communauté du Buis, à condition que le concessionnaire, outre les clauses portées dans son contrat avec les habitants, paierait au fisc delphinal une redevance annuelle de 10 deniers.

COPIE B 3001, f° 221.

2028 *Grenoble, 19 mars 1445.*

Lettres du gouverneur, prescrivant, à tous baillis, juges, procureurs et châtelains delphinaux, de mettre à exécution les lettres patentes du roi Charles VII, données à Angers, au mois de février 1443 (1444, n. s.), par lesquelles il concédait, aux habitants de Lyon, l'établissement de trois foires franches, de quinze jours chacune.

COPIE. B 3785.

2029 *Grenoble, 24 mars 1445.*

Lettres par lesquelles le gouverneur, à la relation du Conseil, fait défense aux procureurs de la ville de Romans, et à tous autres qu'il appartiendra, de comprendre au nombre des taillables de cette ville, Pierre Landry [1], secrétaire et clerc des officiers du dauphin, qui « sub servicio et pro negotiis domini nostri dalphini equictando continue pervigilat », non plus que son épouse Françoise, fille d'Etienne de Saint-Antoine dit de Pela, et Béatrix, mère de la susdite Françoise.

COPIE. B 2728, f° 458.

2030 *15 mai 1445.*

Hommage prêté au dauphin par Antoine de Martel, fils de Guillaume, pour les château et terre de Saint-Laurent-du-Pont [2].

MENTION. *Invent. des titres de la Chambre des comptes, Graisivaudan*, t. 8, f° 38.

---

[1] Voir sur Pierre Landry, secrétaire delphinal et garde de la Monnaie de Romans, la note 1, p. 142, t. 1er.

[2] Sur Antoine de Martel et l'inféodation de la terre de St-Laurent-du-Pont, faite à Guillaume de Martel, par le dauphin Charles, en 1420, voir la note 2, p. 304 du t. II. Antoine de Martel étant décédé sans enfant, laissa sa succession à son frère Louis, qui prêta à son tour hommage au dauphin, le 24 janvier 1466, pour les terres de Saint-Laurent-du-Pont et de Meyzieu (*Inv. des titres de la Chambre des comptes, Graisivaudan*, t. 8, f° 39, v°).

2031 *Grenoble, 11 septembre 1445.*

Lettres du gouverneur, prises à la relation du Conseil, par lesquelles, — dûment informé de sa suffisante expérience et pratique en l'art de la médecine, tant par les lettres que lui a concédées René, roi de Sicile et de Jérusalem, comte de Provence et de Forcalquier, que par divers autres certificats de recommandation, — il accorde au juif David Lévy, habitant Gap, l'autorisation et la faculté d'exercer son art dans les judicatures des Baronnies et des comtés de Gapençais et d'Embrunais, ainsi que dans les châtellenies de Champsaur et de Corps jusqu'au lieu de Corps inclus, mais non au delà ; commet Jean de Saint-Germain, licencié en lois, prévôt de l'église de Saint-André de Grenoble et conseiller delphinal, pour recevoir, préalablement, son serment selon la forme juive, *Israel Adonay Elhemi Adonay et Eal* ; et mande à tous officiers delphinaux ainsi qu'aux barons, bannerets, vassaux et autres nobles et gentilshommes de laisser le susdit David exercer l'art et science de la médecine, qu'il emploira exclusivement à soigner et secourir les malades et infirmes, moyennant un salaire équitable et modéré, et de le laisser librement circuler et séjourner, ainsi que sa suite, ses chevaux et bagages, dans toute l'étendue des bailliages, terres et châtellenies ci-dessus spécifiés[1].

ORIGINAL. Titres de la Chambre des comptes, *Juifs et hérétiques.*

2032 *Grenoble, 24 septembre 1445.*

Lettres du gouverneur, prises à la relation du Conseil et adressées au châtelain de Crémieu, par lesquelles, — après avoir exposé que Louis du Bueil, auquel le dauphin avait concédé la châtellenie de Quirieu[2], ne pouvant la gérer personnellement, attendu qu'il servait, au loin, sous les ordres du dauphin, avait choisi comme lieutenant pour le remplacer Robin de Carmudes[3], — il lui mande de mettre ce

---

[1] En 1430, maître Diolosal de Millau, juif habitant à Crest, exerçait également la médecine *(Compte de la châtellenie de Crest)*. — Un autre juif de Valence, du nom de Manasses, qui se livrait à l'astrologie, fut, pendant quelque temps, aux gages de Louis XI, auquel il aurait fait des « prédictions jusqu'à la bataille de Montlhéry. » (Naudé, *Addition à l'histoire du roy Louis XI*, chap. v).

[2] Voir l'acte n° 142.

[3] Robin ou Robinet de Carmudes, qui, en 1458, habitait à Savasse, après l'avènement de Louis XI au trône, fut nommé capitaine et châtelain du Sauzet. D'une

dernier en possession de la susdite châtellenie et d'enjoindre à Humbert d'Ameysin, châtelain actuel, de lui livrer les clefs du château.

COPIE. B 3048, fº 7.

2033 *Grenoble, 23 novembre 1445.*

Lettres du gouverneur, prises à la relation du Conseil, par lesquelles, — après avoir vu l'information faite par Pierre Fugier, notaire et vichâtelain de La Buissière, commis à cet effet par ses lettres du 25 août précédent, — il enjoint au châtelain d'Avalon, de rayer du nombre des imposables de sa châtellenie, noble Jean Becloz, qui avait justifié de sa noblesse [1].

COPIE. B 2742, fº 329.

---

enquête, faite en 1486, sur les usurpations des terres domaniales en Dauphiné, il résulte que ce personnage avait aliéné à son profit de nombreuses dépendances de sa châtellenie du Sauzet, et entre autres, un bois ou *decez* de 5 sétérées, qu'il avait échangé, en 1466, avec Jean Maréchal, seigneur de Puygiron, contre diverses terres situées à Caderousse (B 2984, fº 730).

[1] Les lettres analysées ci-dessus ne sont point les seules, du même genre, que l'on trouve durant l'administration du dauphin Louis, car de nombreuses diff[illegible]ltés ne cessèrent de s'élever entre les communautés et un grand nombre d'habitants, qui ne voulaient point contribuer aux tailles, sous le prétexte qu'ils étaient nobles. Mentionnons notamment les suivantes : lettres, du 22 sept. 1449, par lesquelles, en exécution d'un arrêt du Conseil delphinal, il est enjoint aux auditeurs des comptes de rayer du rôle des imposables du mandement d'Avalon, noble Jean Moine, fils de Pierre (B 2742, fº 324, vº) ; — lettres, du 25 janvier 1451, déclarant que Jordan Raimond est noble et devra, en conséquence, être rayé du rôle des taillables de la communauté de Lus (B 2747, fº 471) ; — lettres, du 7 juin 1451, enjoignant au châtelain du Trièves de signifier aux péréquateurs de la même communauté de Lus d'avoir à rayer, du nombre des taillables, Antoine Olde, qui avait justifié de sa noblesse (*idem*, fº 499, vº).

En 1447, 47 habitants du vicomté de Clermont en Trièves, s'étant prétendus nobles, lors d'une nouvelle révision des feux de ce mandement, le gouverneur, par ses lettres du 26 juin, déclara que 17 d'entre eux, savoir : André et Antoine Blosset, frères, l'un châtelain du lieu, l'autre notaire ; Humbert de Canal ; Guillaume Chevalier ; Pierre de Commiers ; Antoine et François Faure ; Antoine et Louis Juvenis, fils de feu Giraud, ancien châtelain du lieu ; Guigues de Paladru ; Siboud Porret, notaire ; Pierre et Henri du Serre, fils de feu Guillaume ; Jean, Guigues et Pierre Siboud, fils de feu Lambert ; François, fils d'André Siboud, qui tous étaient en instance devant le Conseil delphinal, pour soutenir leurs prétentions à la no-

2034 *Grenoble, 18 décembre 1445.*

Lettres du gouverneur portant commission en faveur d'Antoine de La Poype, damoiseau, du mandement de Crémieu, pour exercer l'office de châtelain de Vaulx en Velin, emploi vacant.

COPIE, B 3225, f° 157.

2035 *Grenoble, 5 mars 1446.*

Lettres du gouverneur, prises à la relation du Conseil, concédant par albergement [2], au nom du dauphin, à Jean Pilliard, tailleur,

---

blesse, seraient exempts de la contribution des tailles delphinales, jusqu'à ce que le Conseil ait définitivement statué sur leur demande; mais quant à 19 autres, qui étaient Jean et François Blosset, fils de feu Jean Blosset, de Sinard; André et Pierre Blosset, père et fils; Jean du Fau; Pierre Faucherand; Jean, fils de feu Jacques Fauchet; Jean, Pierre, Béatrix et Raimonde, enfants de feu Pierre Fauchet; Pierre, fils de feu Pierre Alleman Faure; André Philose, *faber*; Humbert et Jean Roux; Humbert et Jacquemon du Serre, fils de Pierre; Guillaume, fils d'Hugues Vieux; et Jean Isnard, ils auraient, à l'avenir, à contribuer à tous les subsides levés, comme les autres habitants, chacun suivant leurs facultés et leurs biens. Nous ne savons ce qui fut décidé au sujet de 11 autres, qui étaient: Antoine fils *donné* de feu noble Guillaume d'Ambel; Giraud Blosset; Antoine *de Besserio*; les héritiers d'Arnaud du Clot; Jean du Clot; le fils de Jean Fauchet, notaire; Didier Fauchet, notaire; Guillaume Gueymel; les héritiers de Leuczon Ripert; ceux de Jean Ronsin, et Giraud Siboud, notaire; mais il est probable que tous furent imposés (B 2740).

Notons, enfin, que le gouverneur, par lettres, du 2 décembre 1445, en fixant à 50 le nombre des feux solvables du mandement du Pont-en-Royans, déclara en même temps, que Claude Baile et François Bologne, qui n'avaient pu suffisamment justifier de leur noblesse, seraient inscrits au nombre des taillables; tandis que, par d'autres lettres, du 1er février 1447, fixant à 10 le nombre des feux du mandement de Chatte, il statua qu'Antoine Raynaud, notaire et châtelain delphinal de ce lieu, serait rayé du nombre des imposables, comme étant noble (B 2738). Voir aussi l'acte n° 2151.

[1] Voir, sur Antoine de La Poype, la note 4, p. 318, t. 1er.

[2] On appelait en Dauphiné albergement, *albergamentum*, un bail emphytéotique. Durant le cours du XVe siècle, le pouvoir delphinal aliéna par albergement perpétuel un très grand nombre de propriétés rurales, et de droits domaniaux de toute nature, tels que vignes, terres cultivées ou incultes et vacantes, hermes, fours, moulins, vieilles constructions en ruines, fontaines, dérivations et prises d'eau, droits d'usage dans les forêts et pâturages, voir même des offices féodaux, comme

habitant à Montélimar, sous le servis annuel de 15 gros, les ruines de la vieille tour de Lene, avec 50 sétérées de terres vacantes, le tout

---

ceux de mistraux, banniers, etc. Ces aliénations ou albergements étaient consentis moyennant des redevances ou censes annuelles, payables, soit en argent, soit en produits du sol, le paiement des lods et ventes dus à mutation de seigneurs et de possesseurs, et aussi, souvent, d'un droit d'introges payé lors de l'entrée en jouissance des acquéreurs. Les contrats étaient passés, soit à l'amiable, soit à la suite d'enchères publiques, quelquefois directement par les officiers de la Chambre des Comptes, mais le plus ordinairement par les châtelains, en vertu de commissions spéciales (voir les actes nos 440, 2118 et 2124) ; ils étaient ensuite soumis au Conseil delphinal qui les approuvait et les ratifiait. Outre les contrats d'albergement qui se trouvent analysés dans cet ouvrage, nous croyons devoir en signaler, ci-après, un certain nombre d'autres, que nous avons recueillis dans le cours de nos recherches :

20 octobre 1440. Albergement à Jean Drapier, de la grange ou étable delphinale de Chabeuil, sous la pension de 12 deniers, avec plait à mutation de seig. et de possesseur, et 76 florins d'introges (comptes de la Châtel de Chabeuil, pour 1440).

20 fév. 1442. Aux habitants du Désert, par. de la Chapelle au mand. de Valbonnais ; des ruines d'un moulin, que ces habitants voulaient reconstruire ; sous la pension de 3 sétiers de seigle, et avec dispense de la payer durant les 3 premières années (B 2882).

23 mai 1442. A Nicolas Erland, trés. général du Dauph. ; de 200 sétérées de terres incultes, à Chabeuil ; sous la redevance de 10 sous par sétérée (B 2977, fo 176).

10 mai 1445. A Guillaume Garnier ; des moulins delph. de Saint-Bonnet en Champsaur, appelés moulins de la Motte, sous la cense de 6 sétiers de grains, seigle et avoine.

8 févr. 1447. A François Massabon, dit Gaffet ; des moulins delph. de Saint-Fortunat, au mand. de Durfort ; sous la cense de 10 sommées de seigle et l'obligation d'entretenir lesdits moulins (B 2983, fo 105).

9 janv. 1448. Aux habitants de Voiron ; des deux fours delph. du même lieu ; sous la cense de 11 fl. (B 2882).

24 juillet 1448. A Jean Morein ; des moulins delph. de Chalottes, en Champsaur ; confirmé le 25 juin 1481 ; en faveur de Jacques Leautier, chan. de la cathédrale d'Embrun. (*Inv. de la Chambre d[illegible] Comptes, Graisivaudan*, (t. II. fo 203, vo).

13 juin 1454. A noble Hugues de Villième ; de l'étang du Pont, à Saint-Georges-d'Espéranche ; sous la cense de 6 s., et 12 fl. d'introges (B 2967, fo 3).

3 oct. 1457. A Roulet, tourneur, dit Cros ; du riverage de l'eau de la Vence, au-dessous du pont de Quaix, pour alimenter des moulins qu'il voulait construire ; sous la cense d'un quartel d'avoine (B 2958, fo 82).

27 nov. 1464. Aux frères Vincent dit de Gère ; de l'autorisation de prendre dans la rivière de la Gère l'eau nécessaire pour alimenter les battoirs à chanvre et

situé à Savasse, pour y construire un moulin à blé, avec la faculté de prendre l'eau de la rivière voisine.

Cople. B 2983, f° 95.

2036 *Grenoble, 13 juillet 1446.*

Lettres du gouverneur, prises à la relation du Conseil et adressées au châtelain de Champsaur et de Montalquier, par lesquelles il lui

---

les gauchoirs à draps, qu'ils voulaient édifier dans la par. de Meyssiez, au mand. de Pinet; sous la cense de 7 d (B-2 883).

5 févr. 1465. A Antoine Tètut; du four delph. de Beaurepaire; sous la pension de 12 fl. valant 10 l. 5 s. t. (B 2882).

9 fév. 1465. A Aimar Borion, dit Courtet de la par. de St-Marcel-de-Pinet; de l'autorisation de prendre dans la Gère l'eau nécessaire pour alimenter les moulins, battoirs et gauchoirs qu'il voulait construire le long de cette rivière, au lieu des Ecluses; sous la cense de 6 d. (B 2883).

16 juil. 1465. A Pierre Gachet, corroyeur et sabotier; de l'autorisation de se servir de l'eau du béal des moulins delph. de Chabeuil; sous la cense de 3 d. (*Idem.*)

18 janv. 1469. A Pierre Algoud; des moulins delph. d'Uppie, sous la cense de 13 sétiers froment, et 8 fl. pour introges (B 2983, f° 783).

Sept. 1472. A Jaquemonne Moysend, veuve de Durand Oudrut, et à son fils; d'une partie de la halle de La Mure, détruite depuis peu, et qui était située en face de leur maison (*Idem*).

31 janv. 1473. A Humbert Martin; de l'emplacement de l'ancienne boucherie ruinée de Crémieu, sous la cense de 2 s. (*Idem*)

2 mars 1475. A François Grégoire; de l'eau nécessaire à un moulin qu'il construisait à Chabeuil, lieu dit Masseton, sous la Motte de St-Jean; sous la cense de 5. fl. (B 2883).

11 août 1475. A noble Robinet Puissant, châtel. de Savasse; d'une tour appelée la tour du moulin de Lhort, avec 55 sétérées de terres et bois, à Savasse; sous la cense de 12 d. t. (*Inv. de la Chambre des comptes*, Valent. t. IV, f° 2250).

22 août 1475. A noble Benoît Penessin dit Vache, châtel. de Dolomieu; des vieux moulins delph. des Champagnes, au mand. de Dolomieu, sous la cense de 2 s. (B 2885).

15 juil. 1478. A noble Guillaume Armuet; des eaux du ruisseau de *Malaguas*, qui coulait des puits de Saint-Etienne-de-Jarrie, dans le chemin public, pour arroser ses prés; sous la cense de 12 d. (B 2885)

Févr. 1480. A 16 habitants de Quet-en-Beaumont; de l'autorisation de dériver, au moyen d'un béal, allant jusqu'au Drac, une partie de l'eau du ruisseau de Vechou, pour irriguer leurs prairies et abreuver leurs bestiaux (*Idem*).

8 juin 1480. A Jean de Vaux et à ses fils, de Royon; des eaux d'une fontaine pour les conduire jusque près de l'Isère, en un lieu où ils voulaient construire une scie et autres artifices; sous la cense d'une geline (*Idem*).

mande de défendre et protéger la prieure et les religieuses du monastère de Bertaud, placées sous la sauvegarde delphinale, contre toute voie de fait, violence, force d'armes, puissance de laïes, injures et offenses, et, en outre, lui enjoint, si l'on osait attenter à leurs biens et possessions, d'y apposer des panonceaux, peints aux armes delphinales, en signe de protection [1].

2037 *Grenoble, 18 août 1446.*

Lettres du gouverneur nommant châtelain de Saint-Georges-d'Espéranche, noble Angelin de Pauquelier [2], habitant du dit lieu.

COPIE. B 3125, f° 180.

2038 *21 août 1446.*

Hommage prêté au dauphin par noble Antoine Peloux [3], pour ce qu'il possédait dans le mandement d'Allevard.

MENTION. *Inv. des titres de la Chambre des Comptes, Graisivaudan*, t. 1, f° 29.

2039 *Grenoble, 23 août 1446.*

Lettres du gouverneur, prises à la relation du Conseil, par lesquelles, — attendu que noble Antoine de Sassenage, seigneur de

---

[1] En sollicitant l'obtention de ces lettres, les religieuses chartreuses de Bertaud, dont le monastère venait d'être en partie détruit par un incendie, et qui avaient été obligées de se retirer à Gap, dans une petite maison qu'elles possédaient, craignaient que les habitants voisins ne commissent, durant leur absence, quelques violences sur leurs biens. Leurs prévisions ne furent que trop réelles, car, peu après, le seigneur de la Roche-des-Arnauds fit séquestrer et mettre sous sa main leur grangeages, animaux, et autres biens de la vallée de Bertaud; aussi, à la suite d'une nouvelle supplique, le gouverneur du Dauphiné, par de nouvelles lettres datées de Grenoble, le 6 nov. 1447, dut-il mander au châtelain du Champsaur d'enjoindre au seigneur de la Roche-des-Arnauds, et à ses officiers et serviteurs, sous peine de 10 marcs d'argent d'amende, contre chacun, de cesser les molestations et tracasseries dont se plaignaient les religieuses, et de réparer tous les attentats qu'ils auraient commis à leur encontre (*Chartes de N.-D. de Bertaud*, p. 291).

[2] Angelin de Pauquelier ou Paucculier exerçait encore la même charge en 1458 (B. 2748, f° 470). Revez de Pauquelier, était, en 1441, châtelain de la baronnie d'Anthon, pour le marquis de Saluces, seig. de cette baronnie; et Antelme de Pauquelier était vichâtelain de St-Symphorien d'Ozon, en 1451 (B 2764).

[3] Le même Antoine Peloux (*Pilori*), exerçait les fonctions de mistral delph. de la paroisse de St-Pierre-d'Allevard, en 1458 (B 2749, f° 114).

Saint-André et de Chapoverse, en Royans [1], venait de mourir, — mande au châtelain de Saint-Marcellin d'apposer, au nom du dauphin, sur le donjon des châteaux de Saint-André et de Chapoverse, au lieu le plus apparent, en signe de rédibilité de ces châteaux, des bannières peintes aux armes delphinales, et qui devront y rester jusqu'à ce qu'il en soit autrement ordonné.

COPIE, B 2982, f° 81.

2040 *Grenoble, 14 septembre 1446.*

Lettres du gouverneur nommant châtelain de Beaufort [2], noble Pierre de *Berouxie*, dit Tartaille.

COPIE. B 3223, f° 183, v°.

2041 *22 septembre 1446.*

Hommage prêté au dauphin par noble Jean de Mollena, tant en son nom qu'en celui de Marie d'Ambel, son épouse, pour la maison forte située sur la roche du château de Vizille [3], ainsi que pour 100 sétiers de froment de cense, évalués 100 livres.

MENTION. *Inv. des titres de la Chambre des Comptes, Graisivaudan*, t. 9, f° 194, v°.

---

[1] Antoine de Sassenage, seigneur de Saint-André-en-Royans et de Chapoverse, vicomte de Tallard, était fils d'Aimar de Sassenage, seig. de St-André-en-Royans, et d'Humilie, fille de Pierre Ainard, seig. de Gières. Le 30 oct. 1515, il prêta hommage au Dauphin Louis Ier, duc d'Aquitaine, entre les mains du gouverneur du Dauphiné, pour les châteaux et seigneuries de St-André-en-Royans, Chapoverse et le Charmeil (B 2628, f° 177, v°). En 1518, il commandait une compagnie de gens d'armes ; quelques années après, Randon, seig. de Joyeuse, gouverneur du Dauphiné, par lettres du 21 juin 1524, le choisit pour son lieutenant-général, et il occupa cette charge jusqu'au mois d'avril de l'année suivante (*Inv. des Titres de la Chambre des Comptes, Généralités*, t. 1er, f° 397). De son mariage avec Anne, fille unique de Raimond de Trians, qui lui apporta le vicomté de Tallard, il eut un fils nommé François (et non Jean, comme l'indique N. Chorier, *Hist. généal. de la maison de Sassenage*, p. 59), qui ne laissa lui-même que deux filles ; l'une Françoise, épousa, le 25 mars 1539, Antoine, baron de Clermont, l'autre, Marie, fût l'épouse de Jacques de Miolans. (Voir les actes, n°s 2258 et 2251).

[2] La terre de Beaufort, précédemment détenue par le duc de Savoie, venait d'être remise au dauphin (acte n° 173). — Le 27 février 1557, la même terre fut concédée par le dauphin, à Charles et Jean de Caquéran (acte n° 356).

[3] Cette maison forte avait été acquise, vers 1527, au prix de 900 fl. d'or, par Jacques de Mollena, secrétaire delphinal, de Pierre de Saint-Geoirs, seigneur de Beaucroissant, héritier d'Artaud de Bertrand. Jacques de Mollena en avait été investi le 10 octobre 1527, et en avait prêté hommage au dauphin, le 15 février 1528 (*Inv. de la Chambre des Comptes, Graisivaudan*, t. IX, f°s 189 v° et 190 v°).

2042 *Saint-Symphorien d'Ozon, 8 janvier 1447.*

Procuration passée par Gilet Richard, seigneur de Saint-Priest [1], gardier delphinal de Vienne, à Aimar de Poisieu, damoiseau, conseiller et maître d'hôtel du dauphin Louis, à l'effet de résigner entre les mains de ce prince son office de gardier de Vienne, en faveur de noble Guigues Costaing [2], citoyen de la même ville.

Original, B 2651.

2043 *6 mars 1446 (1447).*

Lettres du dauphin portant commission à Antoine et à Pierre Géraud pour faire une information, au sujet d'un droit de péage que l'évêque de Viviers faisait percevoir, depuis peu, au lieu de Donzère [1].

Mention, insérée dans un arrêt du Conseil d'Etat, du 8 juillet 1751, portant suppression des droits de péage par terre, levés à Donzère. (Bur. des Finances. *Péages*).

2044 *Grenoble, 8 mars 1447.*

Lettres du gouverneur, prises à la relation du Conseil et adressées au châtelain de Quirieu, par lesquelles, en lui transmettant une supplique de Pierre et Jean Vallier, il lui mande de s'informer de l'exactitude des faits qui y étaient relatés. Les suppliants se plaignaient de ce que, le 19 août de l'année précédente, les commissaires delphinaux, sur le fait des péages [1], avaient fait saisir le péage de Quirieu, sur le Rhône, qui leur appartenait pour l'avoir acquis de nobles Pierre et Barthélemy Bernard, et en avoir été investis par le bailli de

[1] Gilet Richard avait également géré la châtellenie de Saint-Symphorien-d'Ozon, pour Raoul de Gaucourt, gouverneur du Dauphiné, charge dans laquelle il avait été remplacé, le 11 avril 1445 (acte n° 139).

Il avait épousé Antoinette de Grolée et laissa plusieurs enfants dont : Antoine, seigneur de Vaulx-en-Velin ; Louis, qui fut lieutenant-général en Dauphiné; Claude, prieur de La Mure, et Antoinette, mariée à Aimon Alleman, seigneur de Revel.

[2] Guigues Costaing, avait déjà été nommé gardier de Vienne, par lettres du dauphin, du 20 sept. 1442 (acte n° 49), mais avait dû être remplacé peu après, par Gilet Richard.

[1] De l'information faite le 16 mars 1447, il résulte que plusieurs témoins entendus déposèrent qu'autrefois les marchands à cheval et plusieurs marchandises ne payaient aucun droit, en passant à Donzère.

[1] Voir sur la nomination de ces Commissaires l'acte n° 134.

Lyon [1], pour lors seigneur de Quirieu ; alors que les mêmes commissaires n'avaient point parlé dans leur saisie de la 4e portion du même péage, possédée par Aimar de Poisieu, dit Capdorat [2], qui, cependant, avait la même origine que leurs parts [3].

COPIE, B 2972, f° 275.

2045 *Clérieu, 2 août 1447.*

Lettres par lesquelles le dauphin Louis, en considération des bons et agréables services que lui avait rendus Guillaume Sautereau, clerc de ses officiers, lui donne et octroy l'office de notaire et *scrivanerie* de la Cour de Pisançon, vacant par suite du décès de Julien Bourgoys, et ce moyennant une pension annuelle d'un florin.

COPIE jointe au compte de la châtellenie de Pisançon, rendu, pour l'année 1443, par Pierre de Barre, châtelain.

2046 *Grenoble, 29 août 1447.*

Lettres par lesquelles le dauphin Louis confirme les donations, prérogatives et privilèges, concédés par ses prédécesseurs aux prieure, vicaire et couvent du monastère de Prémol, de l'ordre des Chartreux.

COPIE, délivrée le 29 mai 1676 (titres de Prémol, H. 807).

2047 *Saint-Antoine, 11 septembre 1447.*

Acte par lequel Jean de Gilberteys, prieur du monastère de Saint-Antoine, immédiatement soumis à l'Eglise Romaine, ordre de Saint-Augustin, au diocèse de Vienne, ainsi que les autres chanoines et frères claustraux et conventuels de Saint-Antoine [4], réunis en

---

[1] Humbert de Grolée, maréchal du Dauphiné, bailli de Mâcon, sénéchal de Lyon, et lieutenant du gouverneur du Dauphiné.

[2] Voir sur Aimar de Poisieu, dit Capdorat, la note 2, p. 45, t. Ier.

[3] Dans son rapport, noble Antoine de Blesinet, vichâtelain de Quirieu, relate que les suppliants avaient légalement acquis le péage de Quirieu et en avaient été investis; que si les Commissaires n'avaient point parlé de la portion possédée par Capdorat, c'est que ce dernier ne levait point cette portion ; qu'enfin, il ignorait les causes qui avaient pu provoquer la décision des Commissaires.

[4] Au nombre des religieux présents, figurent : Thomas Pelhut, sacristain, commandeur de Forez, Antoine de Mons, sous-prieur commandeur de Pontcharra, Antoine des Crots, sacristain de Notre-Dame, Antoine Allemand, commandeur de

chapitre dans la chapelle de Saint-Michel, en la grande église du monastère, charge frère Thomas Pelhut, sacristain, qui avait déjà prêté hommage au dauphin pour le fief de Dionay [1], de donner, en la Chambre des Comptes du Dauphiné, le dénombrement des censes, rentes, moulin, civerage, paquerage, gelinage et hommes liges que possédait leur couvent, en prenant pour base le dénombrement fourni le 13 août 1382 [2].

ORIGINAL. B 2655.

2048 *Grenoble, 12 novembre 1447.*

Lettres par lesquelles le dauphin Louis, à la relation du Conseil, sur une supplique que lui avaient adressée les habitants du mandement de Montrigaud, approuve et confirme les lettres de son prédécesseur le dauphin Humbert II, datées de Peyrins, le 25 mai 1341, par lesquelles les habitants de Montrigaud étaient itérativement déclarés exempts de tous droits de gabelle, péage, leyde et autres tributs, pour toutes les marchandises qu'ils importaient ou exportaient de leur communauté; et mande, en outre, aux gouverneur ou son lieutenant, gens du Conseil et des Comptes et autres officiers ou justiciers, présents et à venir, de faire jouir les susdits habitants de leurs privilèges et libertés.

COPIE. B 394[illegible], f° 11.

2049 *Grenoble, 27 novembre 1447.*

Lettres du gouverneur, adressées aux gardes et maître particulier de la Monnaie de Romans, par lesquelles, en exécution de lettre close des généraux des Monnaies de France et afin que la dite Monnaie de Romans ne tombe en chômage, il leur prescrit de faire ouvrer des

---

Carcassonne, Jean Bontemps, curé de la ville de St-Antoine, Quintin Flayent, recteur de la chapelle de Sainte-Marie-Magdeleine, Mathieu Charmondon, curé de l'Hôpital, Jean Bulier, *bracerius*, Guillaume de Voyssines, sous-aumônier, Antoine de Chabannes, Pierre Belleton Giroud de Montgiraud, etc.

[1] Jean Pelhut avait prêté hommage, à Romans, le 11 févr. précédent (acte n° 2[illegible]9).

[2] Cet acte annule celui qui est analysé sous le n° 706.

écus d'or et des grands et petits blancs du Roi, et de veiller à ce que les pièces soient bien frappées, bien rondes et de bon recours [1].

Coté. B 2826, f° 13.

[1] Voir, sur le même sujet, l'acte n° 2053.

2050 *Grenoble, 5 décembre 1447.*

Lettres par lesquelles le dauphin Louis, après avoir exposé qu'à cause des modiques bénéfices qu'avait coutume de prendre le mistral de la châtellenie de Tullins, cet office était vacant depuis plus de six ans, et qu'informé qu'en plusieurs châtellenies du Dauphiné, notamment dans celles du Champsaur, Montorcier, Vizille, Trièves, les mistraux [1] y prenaient le tiers des lods et ventes, amendes, compositions et condamnations, concède l'office de mistral de Tullins, vacant par suite du décès de Guillaume Bœuf [2], à Simonnet Molliard,

---

[1] Les mistraux étaient des officiers que les dauphins avaient établis, dès les premières années du XIIe siècle, dans les diverses terres, dont ils avaient la possession effective ; on n'en trouve, du reste, que dans les seules terres de l'ancien domaine delphinal. Ils étaient chargés de la perception de certaines redevances et notamment des lods et ventes, des plaids, des amendes et condamnations ; n'ayant jamais eu de gages fixes, ils prélevaient, pour leur salaire, une part de la recette qu'ils effectuaient, ordinairement le tiers. Dès la fin du XIVe siècle, le plus grand nombre de ces offices de mistraux avait été inféodé par contrat d'albergement, moyennant une pension annuelle, et, à la fin du XVe siècle, il n'en restait plus qu'un très petit nombre, une vingtaine tout au plus, à la nomination du dauphin ou du gouverneur de la province. La circonscription territoriale sur laquelle s'étendait l'action de chaque mistral, n'était jamais bien étendue, et ne comprenait généralement qu'une seule paroisse ; aussi trouve-t-on plusieurs mistraux dans les châtellenies delphinales de quelque importance ; on en comptait huit dans la châtellenie de Vizille, et vingt-un dans celle de l'Oisans. Pour les seconder dans leurs fonctions, ils pouvaient se choisir des subordonnés ou vimistraux. Le 12 févr. 1444, le gouverneur du Dauphiné nomma mistral de la paroisse de Salbertrand, en la châtellenie d'Exilles, Humbert Blanchet, en remplacement de Constans Bouchard, d'Oulx, décédé (B 3225, f° 78) ; et le 9 nov. 1459, il concéda à Jean Jouvencel, fils de François, de la par. de Saint-Laurent-du-Lac, l'office de mistral de la par. d'Ornon, en la châtellenie d'Oisans, qui était vacant par suite de la remission qu'en avait faite, entre les mains des Auditeurs des Comptes, Jacques Gassaud, dernier possesseur (B 2748, f° 127).

[2] Outre les divers membres de la famille Bœuf, que nous avons cités, p. 471, t. Ier, mentionnons encore : Perinet Bœuf, châtelain de Saint-Donat, en 1429, son fils Guillaume, qui vivait au même lieu, en 1446, noble Jacques Bœuf, bailli de Tain, en 1452, et Jean Bœuf, habitant à Grenoble, en 1475 (B 2745, 2738 et 2771).

pour le tenir et exercer aux mêmes droits et profits que les autres mistraux du Dauphiné.

Enregistrées le 18 avril 1448.

COPIE, jointe au compte de la châtellenie de Tullins, rendu, pour l'année 1448, par noble Simonnet Molliard, châtelain.

2051 *Grenoble, 5 janvier 1448.*

Lettres du gouverneur, prises à la relation du Conseil, par lesquelles il met sous la protection et sauvegarde du dauphin Jos Hompis et Joffrey Montperrot, originaires du diocèse de Constance, ainsi que leurs familles, serviteurs, biens et marchandises, et les autorise à circuler librement dans tout le Dauphiné, pour y faire le commerce, durant une période de dix ans, moyennant une pension annuelle de 2 oboles d'or, payable entre les mains du châtelain de Pisançon, par Jacques de Nant, marchand de Romans, qui s'y était engagé, sous l'obligation de tous ses biens.

COPIE, jointe au compte de la châtellenie de Pisançon, rendu, pour l'année 1443, par Pierre de Barre, châtelain.

2052 *Romans, 1er avril 1447 (1448).*

Lettres par lesquelles le dauphin Louis commet Humbert Rolland, conseiller delphinal, maître des requêtes de son hôtel, pour procéder à la révision des feux [1] du mandement de Surieu.

COPIE. B 2741, f° 258, v°.

---

[1] En Dauphiné, l'on désignait sous le nom de feu et quelquefois de bellue, *focum*, *belluа*, la base qui servait à répartir entre les diverses localités et communautés de la province, les subsides votés par les gens des Trois-Etats. Primitivement chaque feu représentait un ménage, une famille ou plus exactement une habitation ayant un foyer et une cheminée. Un acte, de l'année 1393, relatif à la levée d'un subside d'un franc par feu, s'exprime ainsi : « pro qualibet persona focum faciente » (B 2709, f° 93). Il ne s'ensuivait pas, cependant, que chaque chef de famille, faisant feu, eût à payer la somme entière affectée à un feu ; une fois que la portion du subside, ou rate, *rata*, comme on l'appelait, assignée à chaque communauté, d'après son nombre de feux solvables, était connue, des péréquateurs, délégués à cet effet par la communauté, faisaient la répartition de cette rate entre les habitants imposables au *prorata* de leurs facultés et de leurs possessions immobilières.

Les procès-verbaux des révisions de feux, opérées en 1405, ne classent, encore, qu'en une seule catégorie, tous les habitants solvables et imposables, quel que soit, du reste, leur plus ou moins de fortune, et chacun d'eux constituait un feu (B 2727).

2083 *Grenoble, 11 avril 1448.*

Lettres du gouverneur, prises à la relation du Conseil et adressées aux gardes et maître particulier de la Monnaie de Crémieu, par les-

---

On ne tarda pas, cependant, à s'apercevoir des inégalités, souvent monstrueuses, qu'une pareille base d'imposition ne pouvait manquer de produire entre diverses communautés ; deux localités, en effet, comptant le même nombre d'habitants ou de feux, devaient payer une rate identique, alors que, suivant leur situation ou le plus ou moins de fertilité de leur sol, l'une n'aurait compté que des habitants très aisés, et l'autre des habitants presque misérables. Aussi devant les récriminations unanimes qui se produisirent, on modifia la consistance des feux imposables, en classant, dans chaque localité, ses habitants en un plus ou moins grand nombre de catégories, basées sur les facultés respectives de chacun. Les plus riches, seuls, continuèrent à former des feux entiers, tandis que les autres ne représentèrent plus que des demis, des tiers ou des quarts de feux ; et dans chaque communauté toutes ces fractions additionnées constituaient le nombre de feux imposables.

Cette transformation apparaît, pour la première fois, en 1423 ; à la même époque, certaines localités, comme celles de Morette, de Roybon et autres, fournirent même des états détaillés de la consistance des biens immobiliers de chaque habitant, de ce qu'ils pouvaient produire et des charges qu'ils avaient à supporter ; ce sont les premiers essais de cadastre et de parcellaires que l'on puisse signaler en Dauphiné (B 2728).

En 1430, dans la majeure partie des communautés, les habitants solvables ne sont encore répartis qu'en deux catégories : ceux qui pouvaient payer un feu entier et ceux qui payeraient un demi-feu (B 2728). En 1446, les habitants solvables de la ville de Grenoble sont répartis en quatre classes, suivant qu'ils pouvaient payer un feu, un demi, un tiers ou un quart de feu (B 2742), alors que dans beaucoup d'autres localités les habitants n'étaient comptés que pour un 5e, un 6e, et même un 10e de feu.

Si l'on s'en rapporte à une requête présentée, en 1461, par les délégués des gens des Trois-États des comtés de Valentinois et de Diois, pour obtenir une diminution de leurs feux, la moyenne du nombre d'habitants nécessaire à la formation d'un feu, aurait été de neuf « habitantibus dicti bayllivatus sibi imposuisse pro « decem habitantibus unum focum, licet aliis bayllivatibus aliquibus octo, aliqui- « bus novem pro foco imputaverunt » (B 2766). Ainsi, les feux qui à l'origine représentaient le nombre réel des habitants, par suite de transformations successives, ne cessèrent d'aller en diminuant et ne furent plus qu'une simple base d'évaluation pour la répartition des tailles ou impositions foncières.

En 1410, le nombre des feux imposables était, pour le Dauphiné tout entier, de 23.822, soit 14.638 pour les terres domaniales et 9.184 pour les terres des nobles. En 1426, on n'y comptait plus que 17.282 feux et demi ; et, en 1444, seulement 10.078 feux 2/3 1/4 1/7, dont 5.726 1/4 pour les terres domaniales, et 4.352 2/3

quelles, en exécution de lettres closes des généraux des Monnaies de France, il leur prescrit de clore les boîtes, *bustias*, des monnaies d'or, ouvrées jusqu'à ce jour et de les envoyer pour qu'on en fasse le jugement; et aussi de fabriquer des écus d'or, aux armes delphinales, qui auront cours pour 27 s., 6 d. t. la pièce, et des demi-écus qui auront cours pour 13 s., 9 d. t. la pièce, et de veiller à ce qu'ils soient bien taillés, ouvrés et monnayés; bien ronds et de bon recours [1].

COPIE. B 2826, f° 15.

2084 *(Grenoble), 12 avril 1448.*

Lettres par lesquelles le dauphin Louis, commet Humbert Rolland, pour procéder à une information contre le seigneur de Ventavon, et le faire assigner pour qu'il ait à justifier des titres en vertu desquels il exigeait un nouveau droit de péage au lieu du Monêtier-Allemont, au préjudice des droits du Domaine delphinal et de ceux des sires de Clermont et de Tallard, seigneurs du Poët [1].

MENTIONS insérées dans deux arrêts du Conseil d'État, des 5 févr. 1737 et 16 mars 1751, portant suppression des péages établis au Monêtier-Allemont et au Poët. (Bur. des Finances, *Péages*.)

1/7 pour les terres patrimoniales (B 2763). La répartition par bailliages était ainsi établie :

	TERRES DOMANIALES	TERRES DES NOBLES
Graisivaudan	2.659 3/4	1.337 1/2 1/3
Terre-de-La-Tour	1.148	1.441 1/2
Viennois-Valentinois	964	1.068 1/2 1/7
Briançonnais	625 1/2	35 1/2
Embrunais	214	103 1/2 1/3
Gapençais	20	253 1/4
Baronnies	95	112 1/4
Totaux	5.726 1/4	4 351 2/3 1/7

A la suite de la révision générale ordonnée, à la demande des gens des Trois-États du Dauphiné, le 24 avril 1458 (acte n° 2097), on ne trouve plus que 4.800 feux, alors que, cependant, la souveraineté du Dauphiné s'était étendue sur toutes les terres allodiales possédées tant par les ecclésiastiques que par les nobles, et sur les comtés de Valentinois et de Diois, récemment annexés au Dauphiné (B 2766).

La dernière révision des feux qui fut faite en Dauphiné en 1706, donna pour toute la province un total de 3.500 feux 1/48 1/384 de feu. (*Edit du roy, concernant la révision générale des feux de la province de Dauphiné. Grenoble, A. Giroud, 1706, in-f°.*)

[1] Voir, sur le même objet, l'acte n° 2049.

2055 *Valence, 30 mai 1448.*

Lettres du gouverneur faisant connaître aux président et gens du Conseil delphinal, que le dauphin Louis entend que les maîtres des requêtes de son hôtel[1] jouissent des mêmes prérogatives que ceux de l'hôtel du roi, et qu'en conséquence Humbert Rolland[2], docteur en décrets, conseiller et maître des requêtes de l'hôtel du dauphin, prendra rang après le président du Conseil et précédera les conseillers.

ORIGINAL, B 3181.

MENTION. H. Chevalier, *Ordon.*, n° 411.

2056 *Valence, 30 mai 1448.*

Lettres par lesquelles le gouverneur, commet Justet Méhenje[3], docteur en lois, conseiller delphinal, pour procéder à la révision des feux des sujets delphinaux de l'Embrunais, du Gapençais, des Baronnies et du Graisivaudan, qui en feraient la demande.

COPIE, B. 2740, f°s 21, v°, 576.

2057 *Valence, 1er juin 1448.*

Lettres par lesquelles le gouverneur, — à la suite d'une supplique de noble Pierre de Poisieu[4], qui se plaignait de ce qu'on voulait le contraindre à renouveler intégralement une reconnaissance des fiefs qu'avait reconnu tenir du dauphin, le 24 août 1439, Antelme de

[1] Les maîtres des requêtes de l'hôtel du dauphin Louis, dont les noms sont parvenus jusqu'à nous, sont: Guillaume Becey, Hélie de Bolier, Guillaume Cousinot, Pierre Gruel, Rolland Guillot, Humbert Rolland, dont il est fait mention à plusieurs reprises dans cet ouvrage; auxquels nous ajouterons encore: François de Ciserin, doct. en les deux droits, conseiller delphinal en mai 1590; Ferrand Dyez, licencié en lois, juge-mage des comtés de Valentinois et de Diois, en juillet 1461; Antoine Armuet, prévôt de la collégiale de Saint-André de Grenoble, auditeur des comptes, en 1469; et Guélis Méhenje, vibailli du Graisivaudan, en 1479, qui sont également qualifiés de maîtres des requêtes de l'hôtel du Dauphin. (B 2745, f° 159, et B. 2768).

[2] Sur Humbert Rolland, voir la note 1, p. 213, t. Ier.

[3] Voir, sur ce personnage la note 1, p. 157, t. Ier.

[4] Pierre de Poisieu, était le père d'Aimar, de Georges, d'Antoine et de Jacques de Poisieu, qui, tous les quatre, illustrèrent le nom de leur famille.

Meyrieu [1], écuyer, alors qu'il n'en possédait seulement qu'une partie, — charge Pierre Reynaud, notaire et commissaire délégué au renouvellement des reconnaissances delphinales de la châtellenie de Saint-Georges d'Espéranche, de s'informer de la consistance exacte des biens possédés par Pierre de Poisieu, pour que le Conseil delphinal puisse statuer en toute connaissance de cause sur cette réclamation.

COPIE. B 2970, f° 97.

2058 *Grenoble, 8 juillet 1448.*

Lettres du gouverneur, par lesquelles, — attendu que les habitants de plusieurs mandements, chargés d'un nombre de feux solvavables trop considérables, ne pouvaient, le plus souvent, solliciter un dégrèvement sans de grands frais et difficultés, ce qui leur était grandement préjudiciable; que, d'autre part, beaucoup de localités avaient été surchargées parce qu'elles n'avaient point été revisées; et, afin, qu'à l'avenir aucun mandement ne se trouve surchargé dans la levée des subsides delphinaux, — il commet Humbert Rolland, conseiller et maître des requêtes de l'hôtel du Dauphin, pour procéder à la révision des feux de toutes les localités qui en feront la demande[2].

COPIES, B 2737, f° 277 v° et 2712, f° 547, v°.

---

[1] Dans sa reconnaissance du 24 août 1439, Antelme de Meyrieu, après s'être reconnu homme lige du dauphin, avait déclaré tenir de son fief: la maison forte de Meyrieu, avec ses fossés et dépendances; tout ce qu'il possédait dans la paroisse de Meyrieu, produisant un revenu annuel d'environ 30 livres; 26 maisons d'hommes, au même lieu; plus, à St-Alban, 23 bichets de froment, 12 sous argent, 3 poules et 4 poulets de censes et diverses terres, entre autres celle du Temple (B 2970, f° 97, v°).

[2] Durant les premières années du XVe siècle, le rôle des feux ou des habitants solvables de chaque localité était encore dressé par le châtelain, assisté de deux habitants des plus notables « ex nobilitatibus », qui devait l'apporter, en personne, à Grenoble, au Conseil delphinal, devant lequel, sous la foi du serment, il le déclarait sincère et exact. Mais à la suite des nombreuses protestations qui s'élevèrent, le Conseil delphinal envoya sur les lieux des commissaires spéciaux pour procéder à des informations, sur les réclamations, et *réviser* le nombre et la solvabilité des habitants portés sur les états fournis par les châtelains. Telle fut l'origine des révisions de feux.

Un seul commissaire était ordinairement délégué pour procéder à la révision; cependant lorsque l'étendue ou l'importance de la localité à réviser l'exigeait, on

2059 *Grenoble, 3 octobre 1448.*

Lettres du gouverneur, prises à la relation du Conseil, concédant par albergement perpétuel, à nobles François et Barthélemy Bernard,

---

en désignait deux, comme cela eut lieu en 1448, pour les mandements de Val et d'Etoile (B 2741 et 2743), en 1449, pour la ville de Romans (acte n° 732), en 1450, pour les mandements de l'Oisans et de Saint-Vallier (B 2744 et acte n° 822), en 1451, pour ceux de Rives, Réaumont et de Vinays (actes n°s 856 et 1118). Le 29 septembre 1450, pour une raison politique, deux commissaires, Gui-Pape, conseiller delphinal et Guillaume Becey, maître des requêtes de l'hôtel du dauphin, furent exceptionnellement commis, pour procéder, avec l'assistance de Jean Chanterel, secrétaire delphinal, à la révision du mandement d'Illins, qui n'était que de très petite étendue (B 2741, f° 379).

Les commissaires réviseurs furent toujours choisis parmi les principaux officiers de l'ordre judiciaire, tels que président, conseillers et secrétaires delphinaux, maîtres des requêtes de l'hôtel du dauphin, juge-mage des appellations, avocat et procureurs fiscaux généraux, auditeurs des comptes. Ce ne fut que très rarement que l'on commit à des révisions les officiers des cours majeures, quelques gradués en lois et les châtelains de quelques localités. De 1440 à 1457, les officiers delphinaux qui furent le plus souvent commis aux révisions furent : Etienne Guillon et François Portier, présidents ; François de Ciserin et Humbert Rolland, conseillers delph. et maîtres des requêtes de l'hôtel du Dauphiné ; Jean Baile, Gui Pape et Mathieu Thomassin, conseillers delph. ; Just Méhenje, juge-mage des appellations, ; Jacques de St-Germain, avocat fiscal général ; Jean d'Origny, auditeur des comptes ; Jean Botut, Jean du Plâtre et Jean de Vourey, secrétaires delph.

Jusqu'en 1453, on ne paraît avoir procédé qu'à des révisions partielles, ordonnées à la suite de réclamations formulées par les habitants eux-mêmes ; mais, cette même année, les gens du Grand Conseil du Dauphin, jugèrent indispensable, pour mettre un terme aux trop fréquentes récriminations formulées au sujet des feux, de faire procéder à une révision générale de tous les feux du Dauphiné ; et, en même temps, pour éviter aux communautés, les frais considérables qu'entraînaient le déplacement de commissaires spéciaux, décidèrent que cette opération serait effectuée, tant pour les terres domaniales que pour celles des seigneurs, par les châtelain et greffier de chaque localité (acte n° 2070).

Depuis lors, trois autres révisions générales ayant été sollicitées par les gens des Trois-Etats de la province, en 1458, 1461 et 1472, on chargea également les châtelains et autres officiers locaux d'y procéder (actes n°s 2097, 1977 et 2178). La dernière de ces révisions ne dut pas donner des résultats satisfaisants, car une nouvelle révision générale fut encore réclamée en 1474, mais, cette fois, le gouverneur et le parlement désignèrent pour l'effectuer, des commissaires spéciaux, à raison de deux pour chaque siège de juridiction majeure, l'un fut un noble de la circonscription et l'autre, un notaire ou secrétaire (acte n° 2190).

cousins, les moulins delphinaux de Channeu, au mandement de Quirieu, avec faculté de construire au même lieu une scie, des battoirs, gauchoirs et autres artifices, moyennant la redevance annuelle de 14 florins et sous la condition de tenir les susdits moulins en bon état, et de reconnaître tenir en fief du dauphin 10 livres de rentes, que les concessionnaires avaient jusqu'alors perçu en franc-alleu, dans les mandements de Crémieu et de Quirieu.

Copie. B 2967, f° 94.

2060 *(La Bâtie-de-Gillonnay), 11 octobre 1448.*

Lettres du dauphin Louis, portant commission à Louis de Laval, gouverneur du Dauphiné, pour traiter, convenir et transiger, en son nom, avec Robert, dauphin d'Auvergne, évêque d'Albi, sur le transport et cession que ledit évêque voulait lui faire de son Dauphiné d'Auvergne, des comtés de Clermont et de Sancerre, de la baronnie de Mercœur et de ses autres terres et seigneuries, sous les clauses et conditions qu'il aviserait.[1]

Analyse, *Invent. des titres de la Chambre des comptes, Pays étrangers : Auvergne.*

2061 *La Côte-Saint-André, 24 novembre 1448.*

Lettres du gouverneur, par lesquelles, — après avoir exposé que de nombreux habitants se plaignaient que depuis la dernière révision de leurs feux, ils étaient devenus si pauvres et que le nombre de leurs feux avait tellement diminué, tant à cause des mortalités, tempêtes et stérilités, que des charges réelles et personnelles qu'ils avaient eu à supporter, que si on ne les dégrevait pas, ils se verraient dans la nécessité d'émigrer et d'aller habiter ailleurs, ce que, du reste, un grand nombre avait déjà fait,[2]— il commet Gui Pape, conseiller delphinal, pour procéder à une nouvelle révision des feux dans le Vien-

---

[1] Voir, l'acte de cette donation, en date du 24 octobre 1448, n° 1884.

[2] Des nombreuses informations faites, de 1443 à 1451, à l'occasion des révisions de feux, il ressort que les consuls et prudhommes de chaque localité, dans l'espoir bien légitime d'obtenir des dégrèvements, faisaient l'exposé le plus lamentable de leur situation respective. Tous, du reste, se plaignaient, à peu près, des mêmes calamités et des mêmes charges excessives qui les accablaient, savoir : des pestes et mortalités qui avaient dépeuplé le pays, de l'infertilité et de la stérilité du sol ; des intempéries de toute nature qui détruisaient les récoltes et les fruits ; des dégâts

nois et Terre de La Tour, les Baronnies, et les comtés de Gapençais, d'Embrunais, de Valentinois et de Diois[1].

Copies. B 2737 et 2739.

2062 *(1448, environ).*

Lettres du dauphin Louis, par lesquelles il mande, aux gouverneur et gens du Conseil delphinal, de restituer à Aimon de Chissé, évêque de Grenoble, la maison forte et véhérie de Porte-Traine, à Grenoble, que Jean de La Barre, jadis trésorier delphinal, avait acquise, au nom du Dauphin[2], d'Henri Alleman, seigneur d'Alliè-

---

occasionnés par les débordements des rivières et des torrents ; des passages et incursions des gens de guerre qui pillaient les denrées, enlevaient les bestiaux et les effets mobiliers, incendiaient les habitations ; du taux usuraire des emprunts qu'ils étaient contraints de contracter avec les juifs ou autres marchands ; du clergé qui possédait les meilleures terres de chaque communauté ; des droits féodaux dus à leurs seigneurs ; des nombreuses rentes et censes qu'ils payaient, tant aux ecclésiastiques qu'aux nobles et autres ; des impôts excessifs levés par le dauphin ; des lourdes charges locales qu'ils avaient pour l'entretien des chemins, ponts, fortifications et surtout des édifices et du mobilier du culte ; de la rigueur exercée par les officialités ; de la rapacité des greffiers et sergents ; des frais énormes qu'entraînaient les procès ; de la mortalité des bestiaux ; de la fréquence des incendies ; du grand nombre de bêtes fauves qui ravageaient les récoltes ; de la disparition du commerce, etc., toutes choses qui les plongeaient dans une misère si profonde que nombreux étaient les habitants qui, pour ne point mourir de faim, se voyaient dans la nécessité de s'expatrier ou de mendier leur pain. (Procès-verbaux de révisions de feux, *passim.*)

[1] Des lettres identiques, datées de Moirans, le 3 décembre 1448, commirent également Simon Galbert dit Bargène, notaire et secrétaire delphinal, pour procéder à la même opération dans le bailliage du Viennois-Valentinois (B 2738, f° 226 v°, et B 2745, f° 144).

[2] Cette acquisition avait été faite le 1er février 1419, au prix de 100 florins d'or, valant 675 livres, et dans ce prix avaient été comprises la part que prélevait le vehier sur les amendes de la Cour commune de Grenoble et une cense annuelle de 20 sous qu'il prenait sur une maison voisine de la véhérie. A cette époque, le Conseil delphinal était à la recherche, depuis plusieurs années, de locaux qui pussent servir de prisons. Dans sa supplique adressée au dauphin, l'évêque Aimon de Chissé se plaignait de ce que l'acquisition de la véhérie de Porte-Traine, faite par l'autorité delphinale, était préjudiciable à ses droits et à ceux de son église, parce que cette maison forte relevait de leur fief et qu'à ce titre son détenteur était obligé à foi et hommage et au payement des lods et ventes, et qu'aucun de ces droits n'avait été acquitté depuis l'achat fait en 1419.

Quoi qu'il en soit, la maison forte de Porte-Traine ne fut point distraite du

res, qui la tenait lui même de Boson de Porte-Traine, chevalier, fils d'autre Boson, à moins que cependant on ne jugeât plus utile et convenable d'accorder en échange, à l'évêque, une compensation équivalente; car, s'il ne voulait pas, d'une part, diminuer les droits de l'évêque et de l'église de Grenoble à laquelle ses prédécesseurs dauphins avaient toujours porté beaucoup d'attachement, il n'entendait point cependant, se reconnaître le vassal de l'évêque pour une chose aussi minime que cette maison forte, qui relevait du fief épiscopal, ainsi que le constate l'hommage prêté, le 6 mars 1359, à l'évêque Rodolphe de Chissé, par Boson de Porte-Traine, dans les termes et en la forme d'un hommage, déjà prêté antérieurement à l'évêque, en 1262, par Hugues de Porte-Traine, chevalier.

COPIE (sans date). Titres de la Chambre des comptes, *Clergé*.

2063 *Gap, 7 juillet 1449.*

Lettres du dauphin Louis, prises à la relation du Conseil et adressées au bailli des Montagnes, à son lieutenant au siège de Serres et au juge de Gap, par lesquelles, — à la suite d'une supplique que lui avaient présentée les religieuses de Bertaud, en Gapençais, de l'ordre des Chartreux, dont le monastère avait été incendié « par fortune de feu », — il leur mande de contraindre les tenanciers des biens du susdit monastère à payer les pensions accoutumées et à en passer de nouvelles reconnaissances.

ORIGINAL. Arch. des Hautes-Alpes.

PUBLIÉES, Paul Guillaume, *Chartes de N.-D. de Bertaud, dioc. de Gap*; Gap, 1888, p. 293.

2064 *Juillet 1449.*

Lettres par lesquelles Louis de Laval, gouverneur du Dauphiné, nomme noble Jean Maurianne, de Séchilienne, châtelain de l'Oisans [1].

MENTION. B 3225, f° 343.

---

domaine delphinal et continua de servir de prison jusqu'en 1594, époque où, sur la demande des consuls de Grenoble, il fut décidé que cette maison qui tombait de vétusté, ainsi que la porte qui y était contiguë, seraient démolies. Voir, sur la maison forte de Porte-Traine : *Les Maisons fortes du Dauphiné*, par J.-J.-A. Pilot; Grenoble, X. Drevet, in-8°, p. 118.

[1] Ce châtelain fut mis en possession de son office, au Bourg d'Oisans, le 21 juil-

2065 *Grenoble, 18 novembre 1449.*

Lettres du gouverneur, prises à la relation du Conseil, par lesquelles, en considération de ce que l'hôpital des pauvres de la ville de Serres, au diocèse de Gap, situé sur la route d'Italie en Languedoc, recevait journellement un grand nombre de mendiants, infirmes et impotents, amortit, en faveur du recteur de cet établissement charitable, divers biens, qui lui avaient été légués et au nombre desquels se trouvait la maison principale de cet hôpital, située dans le bourg de Serres, lieu dit à Michaille, lesquels biens relevaient de la directe delphinale ; et ce moyennant le paiement annuel de 3 gros de monnaie courante, et sous l'obligation de payer tous autres servis et charges dont étaient grevés les susdits biens.

COPIE, jointe au compte de la châtellenie de Serres, rendu pour l'année 1448, par noble Antoine de Mure, vichâtelain, au nom d'Aimar de Poisieu, châtelain.

2066 *Chalaire-les-Romans, 31 mai 1451.*

Lettres par lesquelles le dauphin Louis prend sous sa protection et sauvegarde les prévôt, chanoines et chapitre de Sainte-Croix de Montélimar[1].

MENTION, insérée dans un arrêt du Parlement de Grenoble, de 1549.

2067 *Vienne, 8 novembre 1452.*

Mandement du dauphin Louis, aux auditeurs des comptes delphinaux, pour qu'ils aient à payer à divers, la somme totale de 1338 l., 7 s., 6 d. t., valant 973 écus, 8 gros.

MENTION, U. Chevalier, *Choix de doc. inéd. sur le Dauphiné*, p. 385.

---

let 1449. Par acte du 3 juin de l'année précédente, François Portier, châtelain de l'Oisans, comme procureur de Raoul, seig. de Gaucourt, alors gouverneur du Dauphiné, avait affermé les revenus de la même châtellenie à Antoine Vieux, de Saint-Laurent-du-Lac (B 3225).

Vers la même époque, on trouve Claude Maurianne, mistral de Vizille, en 1450 ; Pierre et Fermon Maurianne, frères, habitant à Laval, en 1457 ; Pierre Maurianne, fils de feu Jacques, et Claude Maurianne, résidant à Séchilienne, en 1458 (B 2742 et 2749).

[1] L'église paroissiale de Sainte-Croix de Montélimar venait d'être érigée en collégiale, à la demande du dauphin, par le pape Nicolas V (acte n° 1886).

2068 *Romans, 18 novembre 1452.*

Lettres du dauphin Louis, adressées à tous ses justiciers ou leurs lieutenants, par lesquelles il prend sous sa protection et sauvegarde [1] Jean Jarre, chapelain de l'aumône ou administrateur des pauvres de la maison de Notre-Dame de Vals, moyennant la pension annuelle d'une livre de cire, payable durant sa vie; et mande de le protéger et défendre « contre toutes violences, injures, oppressions, griefs, molestations, force d'armes, puissance de laics et toutes autres inquiétudes et nouveautés indues ».

Copie, jointe au compte de la châtellenie de Moras, rendu pour 1448, par Ainard Maximi, lieutenant de Jean Copier, châtelain.

---

[1] Durant tout le cours du XVe siècle, de nombreuses sauvegardes, de même nature que celles que nous analysons ci-dessus, furent accordées, surtout à des ecclésiastiques, soit par le dauphin, soit par le gouverneur. Les redevances annuelles, fixées pour ces concessions, consistaient, le plus ordinairement, soit en une livre de cire, soit en une obole d'or, ou encore le gros de monnaie.

Voici celles de ces sauvegardes, accordées de 1440 à 1481, qu'il nous a été donné de recueillir, en parcourant les comptes rendus par les châtelains :

13 sept. 1440, à Jean de Rive, prieur du Touvet. — 9 mars 1441, à Jean Marcellin, prieur de Tullins. — 9 mars 1444, à Siffrey Boisson, clerc incorporé de la collégiale de Saint-Barnard de Romans, et recteur de la chapelle fondée au bourg de Moras, sous l'invocation de la Vierge. — 3 avril 1444, à Jean de Montclar, prieur de Nacon, au dioc. de Grenoble. — 18 juillet 1444, à Jean de Tubières, prieur d'Allex, au dioc. de Valence. — 1er oct. 1444, aux habitants des ville et mand. de Châteauneuf de Mazene, tant ecclésiastiques et nobles que plébéiens. — 12 déc. 1444, à Pierre Romanel, prieur de Gigors, au dioc. de Die. — 27 janv. 1445, à Claude Girard, prieur de Saint-Etienne de Bathernay, au dioc. de Vienne. — 24 avril 1445, à Arnaud Aplanet, prieur de Saint-Arey, au dioc. de Gap. — 22 mai 1445, à Jean de Joye dit Simonet, habitant de Tain. — 12 nov. 1445, à Jacques Peyrol, abbé de Valcroissant, au dioc. de Die. — 20 déc. 1445, à frère Giraud, de Bourg-Juif, prieur du Pont-de-Barret, au dioc. de Die. — 17 août 1446, à frère Aimon Gandon, prieur de Varacieu. — 26 oct. 1446, à Jean de l'Ile, prieur de Saint-Andéol de l'Ile, au dioc. de Gap. — 10 juin 1448, à frère Antoine de Rouchemalle, prieur d'Heyrieu. — 30 juin 1462, à frère Guillaume Royer, licencié en décrets, prieur de Saint-Jean-en-Royans. — 10 févr. 1463, à Pierre Oysel, curé de Saint-Germain d'Hauterive. — 16 févr. 1463, à Jean Gelliat, du mand. d'Hauterive, et à sa famille. — 5 nov. 1463, au nouveau prieur d'Ollan. — 1er juin 1471, à frère Jean Mayache, prieur commendataire de Saint-Jean-en-Royans, et à Jean Bogat, curé de Bouvantes. — 27 août 1472, à frère Guillaume d'Arenceys, dit Biberet, camerier de l'abbaye de Cruas et prieur commendataire de N.-D.-des-Eglises de Montbrison, au dioc. de Die. — 20 mai 1474, à Amédée de

2069 *Valence, 6 décembre 1452.*

Lettres du dauphin Louis, par lesquelles il ratifie et confirme en faveur de Jacques Morel [1], écuyer, fils de Pierre, l'albergement, passé jadis à son oncle Jacques Morel, de La Buissière, par l'abbé de Janiers, de la faculté de faire paître ses bestiaux dans la forêt de la Servette, d'y prendre le bois nécessaire, tant pour les réparations que pour le chauffage de sa maison forte de La Servette, de lever et exiger un *ban*, dans l'étendue des possessions de cette maison, et de nommer, à cette effet, un bannier [2]; et, en outre, mande à tous ses officiers et justiciers du Dauphiné de laisser le dit Morel et ses successeurs jouir de leurs droits.

Enregistrées le 26 janvier 1454.
COPIE. B 2950, fº 373.

2070 *Romans, 19 janvier 1453.*

Lettres du gouverneur, prises à la relation du Conseil, et adressées au vibailli (de chacun des sièges de justice du Dauphiné), par lesquelles, — en exécution d'une délibération, du même jour, prise par les gens du Grand-Conseil du dauphin, ordonnant qu'il serait procédé, pour le soulagement des sujets, à une révision générale des feux, dans tout le Dauphiné [3], — il mande et enjoint qu'afin d'éviter les dépenses et frais, les châtelains, notaires, greffiers ou autres officiers de chaque cité, villes, bourgs, châtellenies et autres lieux, tant du

---

Loras, prieur de La Buisse. — 21 mai 1474, à Pierre et Jean André, frères, de Saint-Barthélemy-du-Buissard, en Champsaur, comme recteurs de l'hôpital de Maussat. — 13 août 1481, à Jacques Chomart, prieur de Tullins. — Voir aussi les actes nºˢ 333, 2010, 2031, 2112 et 2139.

[1] Noble Jacques Morel, vivait encore en 1472, époque où il habitait la paroisse de Chapareillan, dans le mand. de Bellecombe (B 2769).

[2] Le bannier, *bannerius*, était un officier subalterne dont les fonctions consistaient à garder les récoltes, à dénoncer les contrevenants pris sur le fait, à arrêter et mettre en fourrière les bestiaux commettant des dommages, et quelquefois aussi à faire la recette des amendes infligées aux délinquants. Quoique les offices de bannier aient été des plus infimes, il y eut cependant des nobles, et même des chevaliers, qui en furent pourvus et qui n'ont pas dédaigné de les exercer. Voir : Valbonnais, *Hist. de Dauphiné*, t. 1ᵉʳ, p. 119.

[3] Ce fut la première révision générale des feux effectuée en Dauphiné.

domaine delphinal que des barons, bannerets, ecclésiastiques ou allodiaux de chaque juridiction, transmettent les copies des rôles et parcelles de la dernière péréquation faite des subsides delphinaux, où seraient exactement inscrits les noms et prénoms de tous les habitants, et le montant de la somme payée par chacun d'eux ; ainsi que l'état des nobles, vivant noblement, des clercs vivant cléricalement, des francs et affranchis et tous autres, et aussi des vacants qui se seraient produits depuis cette dernière péréquation ; et d'envoyer, le tout, dûment clos et scellé, à Romans, à la Chambre des comptes, avant le dernier jour du mois de février prochain.

COPIE. B 2764.

2071 *Montdragon, 19 février 1452 (1453).*

Lettres du dauphin Louis, adressées à Ainard de Vourey, lieutenant du bailli du Bas-pays du Dauphiné, et à Jean Durand, notaire, par lesquelles, — après avoir exposé que peu auparavant il avait décidé, sur l'avis de son Grand-Conseil, de ramener le Drac dans son ancien lit et confié l'exécution de ces travaux à son aumônier, frère Jean Brunet, lequel s'était aussitôt mis à l'œuvre, avec l'aide des fonds levés sur les habitants de quelques mandements les plus intéressés à ces travaux, mais que ces ressources étaient devenues insuffisantes, — il décide que l'on imposera, également, pour le même objet, les habitants des châtellenies de Voreppe, Cornillon, Moirans, Voiron et Montbonnot[1].

COPIE. Arch. de la Ville de Grenoble, DD 39.

MENTION. *Inv. somm. des Arch. de la Ville de Grenoble*, t. III, .

---

[1] Les habitants des diverses localités imposées, durent montrer peu d'empressement à exécuter les ordres du dauphin, car, par lettres, données à Grenoble, le 29 novembre 1453, le gouverneur, Louis de Laval, enjoignait, aux châtelains de Grenoble, Vizille, Saint-Martin-d'Hères, Pariset, Sassenage, Cornillon, Voreppe, Voiron et Montbonnot, de contraindre, même par la force, les habitants de ces châtellenies à prêter leurs concours aux travaux de détournement du Drac « videlicet potentiores ad prestandum operam duorum dierum et ceteros operam unius « diei ». (*Arch. de la Ville de Grenoble*, DD 39).

En 1377, le torrent du Drac avait débordé avec une telle violence que les consuls de Grenoble résolurent de le rejeter dans son lit primitif, en lui creusant un canal à Claix, entre les deux rochers de Brion, sur lesquels repose encore le vieux pont de Claix, édifié par le connétable de Lesdiguières. Depuis lors, cette rivière impé-

2072 *Grenoble, 29 juillet 1453.*

Mandement du dauphin Louis, à Pierre de Camprémy, son trésorier, pour payer à noble Antoine Bolomier[1], la somme de 162 écus d'or.

Mevsov, U. Chevalier, *Doc. inéd. sur le Dauphiné*, p. 388.

2073 *Grenoble, 24 janvier 1454.*

Lettres du gouverneur, prises à la relation de la Cour, concédant par albergement perpétuel, au nom du dauphin, sous la redevance annuelle de 12 d. t., à Etienne Faure, de la paroisse de Coucs, au mandement de Virieu, l'usage de l'eau du ruisseau de Byot, qui séparait les mandements de Virieu et du Pont-de-Beauvoisin, tant pour irriguer ses prairies que pour faire mouvoir des molières à épées et autres artifices à travailler le fer, qu'il se proposait de construire.

Cour. B 2967, f° 9.

2074 *Grenoble, 13 mars 1455.*

Lettres du gouverneur, prises à la relation du Parlement et adressées aux divers chatelains delphinaux et seigneurs des terres patrimoniales), pour qu'ils fassent péréquer entre les habitants de leurs châtellenies ou seigneuries respectives, la part qui leur a été assignée du subside voté en faveur du dauphin, par les gens des Trois-Etats assemblés à Romans, au mois de février précédent ; et, ensuite, en

---

tueuse, n'avait cessé d'être l'objet des préoccupations constantes des administrations municipales de Grenoble.

Outre les actes n°s 531, 642, 1701 et 1732, relatifs aux travaux de défense du Drac, que nous avons analysés, nous signalerons encore les suivants :

1° Lettres du gouverneur Jean, comte de Commiers, données à Grenoble, le 9 mars 1473, prescrivant aux châtelains de Vizille et d'Eybens, de contraindre les habitants de Claix, Jarrie, Champagnier, Echirolles, Bresson, Eybens et St-Martin-d'Hères, de ramener les eaux du Drac entre les deux rochers de Claix, d'où ils avaient eu tort de les laisser sortir.

2° Autres lettres du gouverneur Jean de Daillon, données au Lude, le 22 décembre 1478, enjoignant aux officiers du Parlement et de la Chambre des Comptes de contraindre, par toutes voies les habitants du Briançonnais et de l'Embrunais, à payer leur part, dans les travaux de détournement du cours du Drac, nonobstant toutes oppositions et tous appels. (*Arch. de la ville de Grenoble* DD 38 et 39).

[1] Sur Antoine Bolomier, général des finances, voir la note 4, p. 280, t. 1er.

apportent le montant à Grenoble, à la Trésorerie générale, avant le 1er mai prochain[1].

MINUTE. B 2754, f° 341.

2075 *Grenoble, 13 janvier 1455 (1456).*

Lettres par lesquelles le dauphin Louis, concède aux prieure et religieuses du monastère de Montfleury, près Grenoble, la faculté de prendre, dans les mandements de Sassenage et de Pariset, tous les bois nécessaires à la reconstruction de leur couvent, qui avait été détruit par un incendie[2], et ce sans payer aucuns droits de péage, pontonage, gabelles ou autres.

MENTIONS. *Inv. des titres de Montfleury*, f° 11 et 134, v°.

2076 *Grenoble, 2 avril 1456.*

Lettres du gouverneur, prises à la relation du Parlement, par lesquelles il enjoint aux baillis et sénéchal du Dauphiné ou à leurs lieutenants, de faire défense, au nom du dauphin, à tous sergents et autres exécuteurs de rien exiger ni recevoir de ceux contre lesquels ils font des exécutions, mais de se faire payer modérément leurs salaires et frais de transport par ceux qui les auront requis; et de veiller à ce que les sergents ne perçoivent que le tarif d'un seul transport, alors même qu'ils auraient eu à procéder contre divers débi-

---

[1] Le subside ou don gracieux, accordé chaque année au dauphin, par les gens des Trois-Etats de la province était le plus ordinairement levé en trois fois « tres solutiones ». C'est notamment ce qui eut lieu pour le subside de 1453, levé à raison de 13 fl., 6 gros par feu, dont les recouvrements devaient être versés à la Trésorerie générale, directement par chaque communauté, le 1er mars, à la Pentecôte et à la Conception de la Vierge comme derniers délais (B 2776). Il en fut de même en 1450, où les recouvrements, durent être payés, en termes égaux à la Saint-Michel, le 1er janvier et le 1er avril (acte n° 2077). En 1471, le recouvrement ne fut versé qu'en deux fois, le 1er oct. et le jour de la fête de Saint-Vincent (acte n° 2172). Voir sur le même sujet les actes nos 2140, 2166 et 2176.

[2] Ce monastère avait été complètement détruit par un incendie le dimanche de Quasimodo, 14 avril 1455. La nouvelle église, dont les fondations furent jetées seulement en 1464, ne fut en état d'être consacrée qu'en 1477. Pour cette reconstruction, les gens des Trois-Etats du Dauphiné donnèrent, en 1461, 100 florins; l'évêque Siboud Alleman 300 fl.; Jean, bâtard d'Armagnac, gouverneur, et Soffrey Alleman, lieutenant général, 100 fl. chacun. Le même monastère fut de nouveau complètement détruit par un incendie le 4 décembre 1625.

leurs, et ce sous peine, contre les contrevenants, d'une amende de 25 marcs d'or, pour chaque infraction et de privation perpétuelle de leurs charges[1]. Les mêmes lettres prescrivent, en outre, de faire publier la présente décision et d'en surveiller l'exécution stricte, non seulement dans l'étendue des châtellenies delphinales, mais encore dans les terres de tous les vassaux.

COPIE. B 3[illegible] f° 64.
PUBLIÉ[illegible]. St[illegible] delph..., éd. 1619, 1re p., fos 109 et 123, v°.

2077 *Le Châtellier près Evreux, 7 juin 1456.*

Lettres du roi Charles (VII), par lesquelles, — après avoir exposé que, quoique par son ordonnance, donnée à Saumur, en octobre 1443, il eût défendu de donner cours à d'autres monnaies qu'à celles qu'il faisait fabriquer ou à celles qui étaient aux nom et armes de son fils le dauphin de Viennois, il circulait, néanmoins, dans le royaume, de nombreuses monnaies étrangères qui y avaient cours

---

[1] Dans les procès-verbaux de révisions de feux, l'on trouve de nombreuses plaintes formulées contre les exactio[illegible] des greffiers et des sergents des diverses cours de justice. Nous y avons notamment relevé les mentions suivantes, que nous reproduisons ci-après.

« Precipue per servientes et exequtores curiarum secularium, qui ibidem diatim et continuo transmictuntur sumptibus et in maximum detrimentum personarum et facultatum bonorum dictorum hominum mandamenti Bellecombe. » (Révision de Bellecombe en 1443 ; B 2741, f° 348). — « Etiam dure tractantur « per curias Serri, et Buxi, privilegiatas et religiosas, quia continue vel quasi « sunt in dicta patria Campisauri, unus ex firmariis dictarum curiarum seu clericis « eorum cum uno serviente, qui portant litteras albas, tam compulsorias, quam « etiam precisas et sunt sub data loci sedis principalis dictarum curiarum licet « ipsas scribant in patria ipsa Campisauri, et exigunt clamas et etiam expensas lic« terarum computando viagia ac si pro unaqueque lictera venis sent a loco sedal « alterius curiarum predictarum ; et taliter tractantur quod post quam inciduntí « firmariorum et exequtorum dictarum curiarum sunt et se reputant pro des« tructis et exheredatis. » (Révision du Champsaur, en 1449 ; B 2744, f° 347 v°).

« Multum fuerunt oppressi tam pro ipsis talliis solvendis quam etiam pro salariis « servientum et nunciorum, qui ipsos compelluntet compulerunt ad solvendum « dictas tallias et expensas per di[illegible]os servientes contra dictos homines sic factas, « cum non habeant unde nec de quo solvere possint, qui servientes ipsos pigno« raverunt et dietim pignorant et plura eorum bona mobilia secum deportave« runt pro eorum viagiis et salariis sibi solvendis. » (Révision de la par. de Chartreuse, en 1448 ; B 2742, f° 559).

pour un prix supérieur à ce qu'elles valaient, comparativement à la bonté des siennes, ce qui avait été cause que l'on avait transporté hors du royaume de grandes quantités de matières d'or et d'argent, pour les convertir en monnaies étrangères, — il ordonne, qu'à l'avenir, les seules monnaies qui auront cours seront les écus et les demi écus d'or, les grands et petits blancs, les doubles, les petits deniers parisis ou tournois, les gros d'argent, ainsi que les monnaies, tant d'or que d'argent, que faisaient frapper le dauphin de Viennois, pourvu cependant que ces dernières soient de mêmes poids et loi que celles du royaume ; ordonne, en outre, que, par tolérance, certaines monnaies étrangères, savoir : les gros du Pape, de Provence et de Milan, les blancs et demi-blancs de Bar et de Lorraine, les quarts de gros du Pape, de Provence et de Savoie, les hardis et morlans, les liards, et les blancs de Bretagne à la targe, auraient temporairement cours pour une valeur qu'il détermine, mais que toutes autres monnaies seraient converties en billon [1].

COPIE. B 2826, f° 50.

2078 *Vienne, 3 novembre 1456.*

Lettres par lesquelles le roi Charles (VII), — après avoir relaté que depuis quelques jours, désirant mettre en sûreté le pays du Dauphiné, que le dauphin, son fils, avait abandonné, il avait placé un capitaine [2] et un certain nombre de gens de guerre dans le château du Pipet, à Vienne, qui appartenait au chapitre de l'église cathédrale de cette ville, — déclare, qu'en ce faisant, il n'a jamais eu l'intention d'acquérir le moindre droit sur le dit château, ni de préjudicier en quoi que ce soit aux prérogatives du chapitre et de l'église de Vienne.

PUBLIÉES. Charvet, *Histoire de la Sainte Eglise de Vienne*, p. 717.

---

[1] Voir, sur le cours des monnaies étrangères, les actes n°s 2083, 2091 et 2100.

[2] Le capitaine que le roi avait désigné comme gouverneur du château du Pipet était Denis Adet ; il en avait également nommé un autre, Jubes Lechat, comme gouverneur du château de La Bâtie sur Vienne, qui appartenait à l'archevêque. (Bibl. de Grenoble, ms. R 80, t. 5, n° 1076).

2079 *Lyon, 5 novembre 1456.*

Lettres du légat du Pape, par lesquelles il relève Siboud Alleman, évêque de Grenoble [1], du serment de fidélité qu'il avait prêté au dauphin Louis, contrairement aux libertés, privilèges et coutume de son église, et l'absout de l'excommunication qu'il pouvait avoir encourue à raison de ce serment.

MENTION. Inv. des titres de l'évêché de Grenoble, de 1789, f° 13, n° 25.

2080 *Grenoble, 14 décembre 1456.*

Lettres du gouverneur, prises à la relation du Parlement et adressées aux gardes et maîtres particuliers des monnaies delphinales, par lesquelles, il leur mande de faire fabriquer non seulement les monnaies d'or prescrites par les lettres du dauphin, données, à Vienne, le 6 décembre précédent [2], mais aussi des deniers blancs appelés liards, des deniers tournois et des petits deniers.

COPIE. B 2826, f° 59.

2081 *Grenoble, 13 mai 1457.*

Lettres par lesquelles le gouverneur, concède à Jacques Ainard, seigneur de Chalancon, l'autorisation d'établir un port ou pont sur la rivière de l'Isère, au lieu dit Maupas, dans le mandement d'Avalon, moyennant la redevance annuelle de 4 gros, et à condition que les droits de pontonage ne pourraient pas être plus élevés que ceux qui étaient perçus au port de La Gache, situé, en amont, sur la même rivière [3].

COPIE. B 2958, f° 51.

2082 *Grenoble, 24 juin 1457.*

Lettres du gouverneur nommant Etienne Mornand, de Crémieu,

---

[1] L'évêque Siboud Alleman avait prêté hommage et serment de fidélité au dauphin le 3 oct. 1450 (acte n° 791). Dès que le dauphin eut abandonné le Dauphiné, il demanda au pouvoir pontifical de le relever de ce serment, qui lui avait été arraché par la contrainte et la force.

[2] Voir l'acte n° 1256.

[3] Toutes les fois que l'occasion s'en présenta l'autorité delphinale favorisa l'établissement de ponts et de bacs sur les rivières. (Voir à ce sujet les actes n°s 2092, 2142, 2163).

garde de la Monnaie de cette ville, en remplacement de Jean Treffort[1], décédé.

COPIE. B 2826, f° 66.

2083 *Grenoble, 25 juin 1457.*

Lettres du gouverneur, par lesquelles, — après avoir relaté que quoique le dauphin eût ordonné de fabriquer en Dauphiné des monnaies semblables à celles du royaume, dont l'écu valait 22 gros, il circulait, néanmoins, en Dauphiné, plusieurs monnaies étrangères qui n'avaient point la valeur des monnaies royales et delphinales, et qu'il était urgent de déterminer la valeur pour laquelle auraient cours ces espèces étrangères, — de l'avis des gens du Parlement et des Comptes ainsi que de plusieurs changeurs et marchands de Grenoble, il taxe ainsi la valeur des monnaies : les gros du Pape, de Provence et de Milan, les demi-gros, les quarts et patats anciens du Pape, de Provence et de Savoie aux prix qu'ils ont présentement ; les parpaillotes de Milan à 5 patats, de sorte que 16 parpaillotes valent 15 parpaillotes royales ou delphinales ; les demi-gros de Gênes, de Milan, du Pape, de Provence et de Savoie, à 13 deniers une obole de monnaie courante ; les quarts de Gênes, Milan, du Pape, de Provence et Savoie à 6 deniers une obole ; les quarts de Savoie, de la dernière fabrication, à 12 deniers un quart ; les patats neufs à 3 deniers ou un demi-liard ; les marmousins à 14 deniers et une obole ; les écus royaux et delphinaux à 22 gros ; les ducats à 22 gros ; les florins d'Allemagne à 18 gros ; les florins du chat à 12 gros ; mande, en outre, que les présentes seront publiées dans tous les lieux accoutumés et fait défense à tous les habitants du Dauphiné de donner aux monnaies une valeur supérieure à celle spécifiée ci-dessus, passé le 15 juillet prochain, et ce sous peine, contre les contrevenants, de confiscation des monnaies et de 50 francs d'amende[2].

COPIES. B 2826, f° 52, v°, et 2948, f° 109.
MENTION. U. Chevalier, *Ordonn.*, n° 460, sous la date du 24 juin.

---

[1] Jean Treffort était garde de la Monnaie de Crémieu, en 1451 (note 1, p. 378, t. 1er).

[2] Voir, sur le cours des monnaies étrangères, les actes nos 2077, 2091 et 2100.

2084 *Juin 1457.*

Lettres du gouverneur, nommant noble Jacques Giraud, d'Embrun[1], châtelain de Briançon[2].

MENTION. B 3225, f° 526.

2085 *11 juillet 1457.*

Lettres du roi Charles (VII), faisant administrer le Dauphiné sous sa main; par lesquelles il révoque tous les affranchissements accordés à des sujets du Dauphiné et déclare n'être exempts des tailles et subsides que les nobles et les clercs, vivant noblement et cléricalement, et les officiers ordinaires delphinaux n'ayant coutume d'y contribuer[3].

MENTION, insérée dans un arrêt du Conseil d'Etat, du 11 avril 1602, publié dans le *Recueil des édits, déclarations... concernant la province de Dauphiné*. Grenoble, A. Giroud, 1690, t. 1er, p. 167.

---

[1] Jacques Giraud, nommé châtelain de Briançon, en remplacement de Roux de Commiers, figure comme vichâtelain de Gap, en 1456; après l'avènement de Louis XI au trône, il dut abandonner la châtellenie de Briançon à Guillaume de Vennac, que ce prince avait pourvu de cet office, dès le 18 décembre 1460 (acte n° 1282).

[2] Aussitôt après que le roi Charles VII eut déclaré, par ses lettres du 8 avril 1457, qu'il entendait faire régir et administrer le Dauphiné sous sa main, tous les châtelains qui avaient été nommés par le dauphin et qui lui étaient restés fidèles, furent remplacés; ne furent maintenus dans leurs charges que ceux qui avaient abandonné son parti et s'étaient empressés de prêter serment au roi. Aussi, après être monté sur le trône, Louis XI s'empressa-t-il, à son tour, en 1461, non seulement de remplacer les châtelains nommés par le pouvoir précédent et de réintégrer dans leurs anciennes fonctions les serviteurs qui lui étaient restés dévoués, mais, encore, de destituer ceux qui, ayant trahi sa cause, avaient été maintenus. Martin de Salines, châtelain du Pont-de-Beauvoisin, et Jean Bachelier dit Le Rousselet, châtelain de Pariset, pour les motifs que nous ignorons, furent probablement les seuls qui trouvèrent grâce devant ce ressentiment du nouveau roi et conservèrent leurs châtellenies.

[3] Ces lettres visaient particulièrement les nombreuses exemptions de tailles concédées par le dauphin Louis. Les procès-verbaux de révisions de feux, effectuées de 1452 à 1458, relatent, en effet, que dans beaucoup de localités de nombreux habitants prétendaient être exempts et affranchis, en vertu de lettres du dauphin; citons entre autres: Jean Besson, à Bernin, et Antoine Blanc, à La Côte Saint-André, qui se prétendaient anoblis par le dauphin (B 2742, f° 423, et B 2765; — Antoine Noir, fils d'Etienne, à Die (B 2767): — Guillaume Charrière dit Trom-

2086 *Grenoble, 17 août 1457.*

Lettres par lesquelles le gouverneur mande (à chaque châtelain delphinal et seigneur de terre patrimoniale) qu'aussitôt après la récep-

---

pette, à Eurre (*id.*) ; — à Allevard, Polet, fils d'Antoine Jarcel, *vexillarius seu signifer*, et Guillaume Sadout, *tuba* (B 2759, f°s 42 et 114) ; — à Saint-Antoine, Pierre Prieur, dit Malabête, et le nommé Jacquet, *unus ex clarinis seu trompetis delphini* (B 2761) ; — aux Avenières, Dubosin Boussolle, chapelier, et Achilet Daruille, qui avaient servi en armes (B 2758) ; — à Marsanne, Jean Marcel, qui avait aussi servi en armes et prétendait, en outre, avoir prêté hommage (B 2766) ; — à Bellecombe, Jean, Antoine, Pierre Guiffrey, dit Cornier, qui, quoique roturiers, avaient aussi servi en armes (B 2759, f° 6) ; — à Montélimar, Simon de Valloufain, *keyrablus*, et Bardon, *balisterius* (B 2768).

Le roi Charles VII avait bien, déjà, déclaré, par lettres datées de Vienne le 8 avril 1435, n° 3, que les seuls exempts de la contribution des subsides delphinaux seraient seulement les nobles et les clercs, ainsi que quelques officiers delphinaux, savoir : le président et les 3 conseillers du Conseil delphinal, les 2 auditeurs des Comptes, l'avocat fiscal et le procureur général fiscal, le trésorier général, le juge des appellations, les 2 secrétaires du Conseil, les 2 clercs des Comptes, l'audiencier et le contrôleur de la Trésorerie, enfin, l'huissier du Conseil et celui de la Chambre des Comptes ; mais bientôt après, par suite de la création de nouveaux offices, les nouveaux promus voulurent également bénéficier d'exemption, et tous les officiers delphinaux, sans exception, ne tardèrent pas à se prétendre exempts, même jusqu'aux greffiers des différentes judicatures, aux sergents et aux forestiers des forêts.

Se prétendaient aussi exempts des tailles : les officiers et greffiers des judicatures subalternes, tant ecclésiastiques que laïques ; les docteurs et autres gradués en droit ; les recteurs, professeurs et bedeaux des Universités ; les médecins ; les officiers et ouvriers des Monnaies ; tous les châtelains et leurs lieutenants ; ceux qui avaient servi en armes, les francs-archers, les sergents d'armes ; les verriers ; les courriers ; celleriers et autres officiers laïcs des évêchés ; les bâtonniers et manillers des églises cathédrales ou collégiales ; les gardes des portes des villes et bourgs fermés ; les geôliers des prisons ; les maîtres d'écoles, et, enfin, une multitude de notaires de campagne qui se prétendaient clercs, *clericus solutus* ou *clericus cum unica virgine conjugatus*.

Il en était même plusieurs qui se prétendaient exempts, parce qu'ils avaient épousé des filles de nobles, ou que leurs mères étaient elles-mêmes de race noble. En 1457, Jacques et Jean de Buffière dit Buffard, frères, qui étaient venus habiter à Bourdeau en Diois, soutenaient être nobles à cause de leur mère Marguerite, fille de noble Amédée de Buffière, de Genève (B 2766). L'année suivante, Pierre Pichat, d'Anjou, se prétendait exempt parce qu'il s'était marié avec la fille d'un noble (B 2767). La même année, Dalmace du Pré, de Crest, refusait de payer les tailles,

tion des présentes, il fasse péréquer, entre les sujets de sa châtellenie ou seigneurie, la part ou rate qui leur a été assignée du subside voté par les gens des Trois-Etats [1], dans leur réunion tenue à Grenoble, ainsi que celle de diverses autres sommes affectées à la province, et

---

pour les terres qu'il possédait à Roynac, parce que précédemment elles appartenaient à noble Antoinette Buffard ; et il en était de même de Jean Brunet, de Romans, qui, quoique roturier, se disait exempt parce qu'il détenait l'hérédité de noble Pierre Engilbert (B 2767).

En 1457, dans les paroisses de Lans et du Villard-de-Lans, dans la baronnie de Sassenage, une vingtaine d'habitants prétendaient avoir été affranchis par leur seigneur, et notamment : Jean, François et Guigues Achard, Guillaume Faure, Pierre et Jean fils de Pierre Jallifier, Jean Jallifier dit Jelmat, Jean Jallifier dit Ardent, Pierre Bouvier, Pierre Aribert. Vers 1458, dans le seul mandement de Moras, sur 129 habitants faisant feu, 10 se prétendaient nobles et 54 autres francs et exempts (B 2771).

En 1457, à Fontaine, Amédée et François Eybert, frères, notaires, étaient exempts, parce qu'ils étaient, l'un greffier de la Cour de Sassenage, l'autre châtelain de Pariset (B 2740, f° 390). De même étaient exempts, en 1452, à la Verpillière, Mermet Bachoud, parce qu'il était censier du Temple de Vaulx ; à Albon, Jean Robert, *ad causam reparationis turris Albonis* ; à Saint-Lattier, Pierre Pinet, *serviens et preco publicus curie loci* ; à Die, Pierre Marcel et Isabelle, veuve d'Aluet Leduc, *custodes carcerum* ; aux Avenières, Jean Peronce, *foresterias dalphinalis* ; et, en 1458, à Brangues, Jean Billioud, receveur du seigneur du Bouchage, affranchi, *amore domini loci* (B 2765, 2764, 2758, f° 642).

[1] Les assemblées des gens des Trois-Etats du Dauphiné paraissent avoir joué, durant tout le cours du XVe siècle, un rôle considérable dans l'histoire de cette province. Non seulement ils étaient, seuls, appelés à voter, chaque année, un subside ou don gracieux en faveur du dauphin, ainsi que les autres sommes qu'exigeait l'intérêt général, mais ils étaient aussi un intermédiaire des plus actifs et des plus utiles entre la province et le souverain ; toutes les fois que celle-ci avait quelques plaintes, quelques récriminations ou quelques demandes à adresser au dauphin, c'étaient les gens des Etats qui les lui transmettaient, soit par des ambassadeurs spécialement délégués à cet effet, soit par leur procureur général. D'autre part, ils se montrèrent toujours les gardiens les plus vigilants et les défenseurs les plus ardents des libertés ou des intérêts du Dauphiné et de son existence individuelle comme nation spéciale et corps d'état distinct, annexé mais non réuni au royaume de France, sans cependant avoir jamais manifesté l'intention de s'en séparer. On peut consulter sur les Etats-Généraux du Dauphiné, dont la première convocation remonte à l'année 1338, l'excellent ouvrage de Fauché-Prunelle : *Essai sur les anciennes institutions des Alpes Cottiennes-Briançonnaises*, Grenoble, 1857, in-8°, t. 2, pp. 340-709.

Les documents, ou même les simples renseignements concernant les Etats du

qu'il en fasse verser le montant à Grenoble, entre les mains du trésorier delphinal, en trois termes, savoir, le jour de la fête de Saint-Michel prochain, le 1er janvier suivant et le 1er avril.

COPIES. B 3748, fos 61 et 135.

Dauphiné étant, aujourd'hui, fort peu nombreux, par suite de la disparition complète des archives de cette institution, nous croyons devoir donner, ci-après, les lieux et dates de leurs réunions, ainsi que le montant des sommes qu'ils votèrent comme don gratuit, de 1436 à 1484.

1436, août ; La Côte-Saint-André (Chorier, *Hist. gén. du Dauphiné*, t. 2, p. 429).

1437, janv.; Romans. On y vote un don gratuit de 10,000 fl. (acte n° 1).

1438, mars; Romans (*Stat. delph.*, p. 102).

1439, Saint-Symphorien-d'Ozon (Fauché-Prunelle, *op. cit.*, p. 530).

1440, juillet ; Saint-Symphorien d'Ozon. On y vote 40,000 fl.

1440, août ; Grenoble. On y vote 8,000 fl., comme don de joyeux avènement, au dauphin.

1441, 23 mai ; Grenoble, en la grande chambre de la Maison delphinale et dans le palais épiscopal. On y vote un subside de 30,000 fl. au dauphin (acte n° 2008).

1442, avril ; Grenoble. On y vote 30,000 fl.

1443-1444, 30 déc.-janv. ; Grenoble, dans le réfectoire du couvent des Frères-Mineurs. On y vote 18,000 fl. au dauphin, 1,000 fl. à la dauphine et 2,000 au comte de Dunois (acte n° 2026).

1447, févr ; Romans, dans le réfectoire du couvent des Frères-Mineurs. On y accorde un don gratuit de 45,000 fl. (acte n° 285).

1448, févr., Bourgoin, en la salle neuve de la commanderie de Saint-Antoine. Don gratuit accordé sur le pied de 2 fl. par feu. (Chorier, *Hist. gén. du Dauphiné*, t. 2, pp. 440 et 446).

1449, févr.; Romans (actes nos 710 et 744). On y décide que toutes les terres allodiales contribueront au subside voté (acte n° 687).

1451. A cause de la peste qui sévissait en Dauphiné, les États ne purent être convoqués, mais en décembre de cette année, le dauphin ordonna de faire imposer et lever la même somme que celle qui lui avait été accordée l'année précédente (acte n° 1960).

1453, janv ; Romans. On y vote une imposition pour le payement des gens de guerre, à raison de 15 fl., 6 gros par feu (B 2776). Pour les doléances présentées par cette assemblée, voir l'acte n° 1000 *bis*.

1455, février ; Romans (acte n° 2074).

1456, janv ; Grenoble.

1456. Après la fuite du dauphin Louis, le roi Charles VII convoqua les États pour le 15 oct., à Vienne (acte n° 1916) ; mais sous le prétexte d'une maladie contagieuse dans cette ville, le roi les manda à Lyon, où il se trouvait ; ils refusèrent d'y aller, en invoquant les libertés delphinales. Malgré l'insistance du roi et à la suite de divers pourparlers avec ses commissaires, ils obtinrent du roi la déclaration

2087 *Grenoble, août 1457.*

Lettres du gouverneur, prises à la relation du Parlement et adressées aux divers baillis, juges, châtelains, ou leurs lieutenants, et à tous autres officiers et sujets delphinaux, leur enjoignant et prescrivant de veiller à la stricte observation de l'article 19 de l'ordonnance

---

qu'il n'entendait point porter atteinte à ces libertés, et son consentement à se mettre en relation avec l'assemblée au moyen d'ambassadeurs qu'il enverrait à Saint-Symphorien-d'Ozon, lieu le plus rapproché de Lyon, où les États offraient de se rendre et où ils tinrent leur séance, dans laquelle ils accordèrent 1,000 fl. à la reine, pareille somme au dauphin et 28,000 au roi, avec imputation, toutefois, sur cette dernière somme de diverses avances qu'ils lui avaient faites. (Fauché-Prunelle, *op. cit.*, p. 530, d'après une copie du procès-verbal de l'assemblée).

1457, mars ; Grenoble (note 4, p. 518, t. 1er, et acte n° 2086).

1460, août ; Romans. Pour les doléances présentées par cette assemblée aux commissaires royaux que le roi Charles VII avait envoyés en Dauphiné, et auxquelles ils répondirent le 29 août, voir l'acte n° 1929.

1461, oct.; Grenoble ? (acte n° 1317).

1462, févr. (*Stat. delph.*, 2e part., f° 21).

1464, 19 juillet ; Grenoble, dans le réfectoire du couvent des Frères-Mineurs (note 2, p. 46, t. 2).

1465, 11 août ; Grenoble. On y vote pour la solde des troupes levées pour la défense du pays contre la ligue dite du *Bien public*, et autres affaires urgentes, une somme de 13,000 l. t. (acte n° 2140).

1465, 15 déc ; Grenoble. Le roi-dauphin y fit demander 45,000 fl., somme équivalente à celle qui lui avait été accordée l'année précédente (acte n° 1439).

1467, févr.; Grenoble. On y accorde au roi-dauphin 81,000 fl. (actes nos 1481 et 1499).

1468 ou 1469, juin. On y rédige des doléances auxquelles il fut répondu, en l'absence du gouverneur, par Soffrey Alleman, lieut.-général (*Stat. delph.*, 2e part., f° 10, v°).

1470, avril ; Grenoble. Le roi y fit demander 45,000 fl., plus 24,000 l. t. (acte n° 1533).

1471, janv.; La Guillotière, près de Lyon, dans le logis du Lion rouge. On y vote un subside de 12,000 l. t., demandé en remplacement d'une pension de 24,000 l. t., concédée sur le Dauphiné au duc de Calabre (actes nos 1544 et 2166).

1471, sept.? Grenoble. On y accorde un subside de 45,000 fl. (acte n° 2171).

1472, févr.; Grenoble (acte n° 2176).

1473, 20 févr.; Grenoble. Le roi y fit demander 33,750 l. t., forte monnaie ; on lui en accorde 33,700 faible monnaie (*Stat. delph.*, f° 106, v°). On y rédigea aussi des doléances qui furent présentées au roi par Jean Mottet, procureur des

faite sur les doléances des gens des Trois-Etats du Dauphiné, qui statuait que l'on ne pourrait faire la cession d'une créance sans le consentement du débiteur, et ce sous peine, pour les contrevenants, de la perte de leurs créances et d'une amende de 25 sous.

COPIE. B 2905, f° 450.

MENTION. U. Chevalier, *Ordon.*, n° 461.

2088 *Grenoble, 6 septembre 1457.*

Lettres du gouverneur, adressées « à tous péagiers, gabelliers et « gardes des ports, passages, ponts, résidans en Dauphiné, ainsi « qu'aux gardes et maîtres particuliers des Monnaies et à tous autres « officiers et sujets delphinaux », leur mandant de laisser librement circuler Bonet Pape[1], qu'il venait de nommer maître particulier de la Monnaie de Crémieu, et ce attendu qu'il lui était nécessaire, avec ses familiers et domestiques, de se procurer, tant en Dauphiné qu'au dehors, le billon et autres matières indispensables à l'exercice de sa charge.

COPIE. B 2876, f° 22.

Trois-Etats, auxquelles le roi fit réponses, à Amboise, le 2 juin suivant (acte n° 1584).

1475, 10 juin ; Grenoble. On y vote un don de joyeuse venue, de 5,000 fl., au s^r du Lude, nommé gouverneur du Dauphiné (B 3261).

1476, mai ; Grenoble (*Stat. delph.*, f° 117). On y rédigea des doléances, aux quelles le gouverneur répondit par son ordonnance du 25 mai (acte n° 1994).

1477, mai ; Grenoble.

1482, avril ; Grenoble. Le roi y fit demander 50,625 fl. (acte n° 1797).

1483, avril ; Grenoble. Le roi y fit demander, en plus du subside ordinaire, 2,500 l. t., imposables sur tous les sujets, y compris les exempts et privilégiés, pour les frais de l'artillerie qu'il envoyait devant la ville de Nice (acte n° 1822).

1483, oct ; Grenoble. Aussitôt qu'on eut appris la mort de Louis XI, les Etats du Dauphiné s'assemblèrent et résolurent de députer vers le nouveau roi-dauphin Charles VIII, une ambassade qui fut composée de l'évêque de Valence, des abbés de Saint-Antoine de Viennois et de Bonnevaux, et des seigneurs de Saint-Vallier, de Sassenage et d'Illins (Chorier, *Hist. gén. du Dauphiné*, t. 2, p. 482).

[1] Voir, sur la nomination de Bonet Pape, changeur de Lyon, à la maîtrise de la Monnaie de Crémieu, la note 2, p. 301, t. 1er.

2089 *Grenoble, 15 octobre 1457.*

Lettres du gouverneur nommant garde de la Monnaie de Romans Ponson Monistrol, de la même ville, en remplacement de Antoine Mamercieu, décédé.

Copie. B 2826, f° 71.

2090 *Grenoble, 31 octobre 1457.*

Lettres du gouverneur nommant contre-garde de la Monnaie de Montélimar, office vacant, Jean de Mareuil[1], fils de maître Jean de Mareuil, président de la Chambre des comptes.

Copie. B 2826, f° 50.

2091 *Grenoble, 24 novembre 1457.*

Lettres du gouverneur, prises à la relation du Parlement, par lesquelles, conformément aux ordonnances précédemment faites sur le cours des monnaies[2], statuant que les monnaies royales et delphinales, réputées bonnes monnaies, auraient cours à raison de 22 gros par écu, et ordonnant que les faibles monnaies étrangères circuleraient à raison de 9 patats pour un gros, et 9 gros pour 8 gros des susdites bonnes monnaies, il prescrit que chaque parpaillote royale ou delphinale et aussi de Savoie se prendrait pour trois quarts de la faible monnaie, un petit blanc pour 3 patats et que pareillement trois quarts de faible monnaie vaudraient une des susdites parpaillotes et 3 patats un petit blanc.

Copie. B 2826, f° 55.

2092 *Grenoble, 9 décembre 1457.*

Lettres du gouverneur, prises à la relation du Parlement, par lesquelles il concède par albergement[3] à Nicolas des Diguières, citoyen de

---

[1] Jean de Mareuil fut mis en possession de son office, le 10 décembre suivant, par nobles Jacques Lyonet, maître particulier, et Charles de Saint-Sornin, garde de la Monnaie de Montélimar, en présence de Jean Roy, monnayeur, et de Antoine Roy, ouvrier. Jean de Mareuil, ayant ensuite démissionné fut remplacé, le 11 juillet 1460, par Guillaume Gruel (voir la note 1, p. 206, du t. II).

[2] Voir, sur le cours donné aux monnaies, les actes n°s 2077, 2083 et 2100.

[3] Cet albergement fut depuis confirmé par lettres du roi-dauphin, données à Amboise, le 7 juin 1468 (acte n° 1514).

Grenoble, fils de Michel des Diguières dit Villet, ainsi qu'aux associés qu'il s'adjoindrait, le ban-vin de Vizille et l'autorisation de reconstruire le pont qui existait sur la rivière de la Romanche près de Vizille, et qui avait été emporté, l'année précédente par une inondation; et ce sous la cense annuelle de 2 fl., et sous les clauses ci-après spécifiées, savoir : que le concessionnaire et ses associés reconstruiraient le pont le plus promptement possible; qu'ils utiliseraient, à cet effet, les corvées des habitants de la châtellenie de Vizille et celles de leurs bestiaux; qu'ils auraient la faculté de prendre les bois nécessaires dans les forêts de la même châtellenie, au prix que le dauphin avait coutume de les payer lui-même; qu'on leur abandonnerait 80 florins que noble Guigues de Ciserin, ancien châtelain de Vizille, restait devoir sur ses comptes; qu'ils percevraient, enfin, sur le nouveau pont, les droits de pontonnage accoutumés.

COPIE. B 2948, f° 57.

2093 *Nimes, 11 janvier 1457 (1458).*

Lettres de Jean d'Aulon, chevalier, seigneur *de Calida Vallis*, capitaine et maître d'hôtel du roi, sénéchal de Beaucaire et de Nîmes, adressées aux bailli, viguiers, juges et autres officiers delphinaux du Valentinois et Diois, par lesquelles, — sur la requête de Jacques[1], seigneur de Sassenage, en Dauphiné, qui se plaignait de ce que les fermiers, sergents ou autres commissaires chargés du recouvrement des décimes et clames du Petit-sceau de Montpellier, voulaient le contraindre à payer différents décimes et clames et voulaient même faire saisir et vendre ses biens, en violation des prescriptions édictées par les lettres du roi Charles VI données à Paris, le 8 août 1399[2], — après avoir reproduit tout au long les susdites lettres, il les requiert de faire inhibitions et défenses à tous fermiers et commissaires percepteurs des dits décimes et clames, sous peine d'une amende de

---

[1] Sur Jacques, baron de Sassenage, voir la note 3, p. 412, t. Ier.

[2] Par ces lettres le roi enjoignait d'observer une ordonnance rendue précédemment par le feu duc d'Anjou, pour lors lieutenant royal en Languedoc, stipulant que le recouvrement des décimes et clames du sceau de Montpellier et autres cours de justice, se prescrirait au bout de cinq ans, et que passé ce délai les débiteurs de semblables clames seraient libérés de plein droit.

50 marcs d'argent, d'exiger aucuns décimes ou clames, ni d'entreprendre aucunes exécutions contre la teneur des susdites lettres royales; de casser et annuler tout ce qui aurait été fait au contraire, et d'assigner les opposants, s'il s'en trouve, devant la Cour de Nîmes.

COPIE. B 2904, f° 180.

2094 *17 février 1458.*

Hommage prêté au dauphin par Gonet et Jean Peyron, frères, fils de Jacques et héritiers de Jeanne Amédée, leur mère, pour tout le contenu d'un hommage prêté, le 30 octobre 1413, par Jean Amédée, père de la dite Jeanne.

MENTION. *Inv. des titres de la Chambre des comptes, Briançonnais,* n° 429.

2095 *17 février 1458.*

Hommage prêté au dauphin par Jean Tholosan, fils de François, tant en son nom qu'en ceux de Jacques et Pierre, ses frères, et encore de Laurent et Jean Tholosan, frères, fils d'Antoine, ses pupilles, pour tout le contenu de l'hommage qu'avait prêté, le 22 septembre 1417, Antoine Tholosan, doct. en lois.

MENTION. *Inv. des titres de la Chambre des comptes, Briançonnais,* n° 430.

2096 *Grenoble, 24 avril 1458.*

Lettres du gouverneur, prises à la relation du Parlement, par lesquelles, — après avoir exposé, qu'à la réquisition des gens des Trois-Etats, du Dauphiné, il avait décidé qu'il serait procédé à une révision générale des feux, pour avoir le nombre exact de tous les habitants du pays, étant chefs de maison, — il prescrit au châtelain et au notaire de la Cour de justice de chaque châtellenie, ainsi qu'aux divers seigneurs des terres patrimoniales, aussitôt après la réception des présentes, de se transporter au lieu principal de leur châtellenie ou seigneurie, où avait coutume de se tenir la Cour de justice, d'y faire venir le curé et trois ou quatre des plus notables habitants de chaque paroisse pour qu'ils aient à révéler, sous la foi du serment, les noms des habitants de leur paroisse étant chefs de maison, tant solvables que misérables, sans en excepter aucun, mais en déclarant à part, toutefois, les ecclésiastiques, les nobles vivant noblement et les clercs vivant cléricalement; de se faire remettre, par les habitants de chaque localité, le rôle de la péréquation du dernier subside delphinal levé au mois de juillet de l'année précédente, avec indication de ceux qui s'étaient absentés depuis lors ou de ceux qui étaient nouveaux venus; et, enfin, de transmettre le tout au vibailli de leur circonscription judiciaire, avant le 15 juin prochain, sans retard.[1]

Cotes. B. 2748, 2754 et 2767.

2097 *Valence, 26 avril 1458.*

Lettres du gouverneur, adressées aux vibaillis, juges et châtelains de l'Embrunais et du Briançonnais, ainsi qu'aux capitaines et commissaires chargés de régir la temporalité du siège archiépiscopal d'Embrun, placé sous la main du dauphin, leur enjoignant de restituer à Jean Baile, docteur en lois, élu archevêque d'Embrun, confirmé par le Pape et constitué provisoirement administrateur de cet archevêché, la manse archiépiscopale d'Embrun, qui avait été placée sous la main du dauphin, après le décès de l'archevêque Jean Girard[2].

Cote. B 2992, f° 613.

2098 *Grenoble, 5 mai 1458.*

Lettres du gouverneur, prises à la relation du Parlement, par lesquelles, — après avoir relaté que le mesurage des blés, noix, chanvre,

---

[1] Voir, sur le même sujet, les actes nos 2070 et 2177.

[2] La manse de l'archevêché d'Embrun, après le décès de l'archevêque Jean Girard, avait été mise sous la main du dauphin, du 22 au 29 janvier 1458, par Raimond Ainard, seigneur de Monteynard, lieutenant du gouverneur du Dauphiné, commis à cet effet. — Le nouvel archevêque Jean Baile, non encore consacré, fit son entrée solennelle à Embrun, le 3 mai 1458, mais ne dut point, cependant, avoir été mis en possession, alors, des biens temporels de son archevêché, car ce ne fut que l'année suivante, après avoir été consacré, que le gouverneur du Dauphiné, par de nouvelles lettres, données à Grenoble le 15 mars 1459, enjoignit de restituer à ce prélat, alors « élu, confirmé et sacré » la temporalité de son siège. En exécution de ces dernières lettres, Jean d'A[illegible]ennet, juge majeur et vibailli du comté d'Embrun, le 21 mars 1459, fit enlever les panonceaux aux armes delphinales qui se trouvaient apposés sur les portes de l'archevêché (B 2992, f° 615). — Voir, sur Jean Baile, archevêque d'Embrun, la note 1, p. 132, du t. II.

légumes et autres denrées, vendus sur le champ de foire de Crémieu[1], avait été albergé, le 22 février 1452, à Jean et Guilleud des Granges, sous la pension annuelle de 10 sous viennois et que, depuis lors, les albergataires avaient cédé leur droit à Jean Buchicherd, monnayeur de Crémieu; après avoir vu et examiné: 1° la requête adressée par le dit Buchicherd, où il se plaint de la diversité des poids et mesures employés par les apothicaires et autres marchands de Crémieu, ce qui occasionnait de continuelles récriminations, tant de la part des marchands eux-mêmes que des acheteurs; 2° l'enquête faite, le 3 mai 1458, en exécution des lettres delphinales du 29 avril précédent, par Laurent de Bronne, vichâtelain de Crémieu, constatant que pour mesurer les étoffes ou peser les marchandises, chaque commerçant se servait de mesures et poids différents, tels que aunes de Paris, poids de marc de Montpellier, etc., et qu'aucun de ces poids et mesures n'avait jamais été contrôlé, ce qui facilitait les fraudes et occasionnait au public de grandes pertes; 3° l'acte du 20 février 1455, par lequel Jean Buchicherd reconnait tenir en fief et directe du dauphin le contrôle des mesures delphinales des grains et denrées du mandement de Crémieu et percevoir pour cela, conformément à la coutume établie, savoir: pour chaque setier contrôlé 3 deniers, pour chaque aune 1 denier et 1 obole, pour chaque bichet 1 denier et 1 pitte, pour chaque bichette 1 obole et 1 pitte; tenir également, en fief du dauphin le droit de marquer ou estampiller, avec un poinçon portant un dauphin, toutes les mesures de capacité, et percevoir pour l'apposition de cette marque une pleine mesure des denrées pour lesquelles chaque mesure était spécialement faite; qu'enfin, il devait veiller à ce que toutes les mesures de la ville et du man-

---

[1] Un acte de l'année 1380, nous apprend que, déjà à cette époque, un nommé Guillelmet de Mans dit Pauchos, possédait le mesurage du sel, à Crémieu, avec faculté de percevoir et d'exiger, pour ce mesurage, de chaque marchand qui vendait du sel, un quarteron de sel pour le setier mesuré, et, pour les quantités moindres, une *masota* par setier. Le même document ajoute que le susdit Guillelmet tenait son droit du dauphin, de temps immémorial, et qu'à raison de ce il lui devait un servis annuel d'une livre de cire, et, en outre, était tenu de porter la bannière du dauphin dans les chevauchées, toutes les fois que la communauté de Crémieu se rendait à ces chevauchées, « cum hoc portare debet vexillum domini nostri dalphini in cavalcatis, quotiens communitas Crimiaci ad eos accedit ». (Arch. de l'Isère, titres de la ville de Crémieu).

dement de Crémieu portent l'estampille delphinale; — il ratifie et approuve la vente du mesurage des grains de Crémieu passée à Jean Buchicherd par les susdits Jean et Guilleud des Granges; ordonne qu'à l'avenir : 1° on ne se servira dans le mandement de Crémieu que de deux sortes d'aunes ou mesures de longueur, semblables à celles dont on faisait usage à Grenoble, pour mesurer, avec l'une, les toiles, draps, bures et grosses serges, et avec l'autre plus petite, les toiles fines, petites serges, étoffes de lin et lainages; 2° qu'il sera fait une marque ou poinçon, aux armes delphinales, pour estampiller les aunes à chacune de leurs extrémités; 3° qu'on emploiera pour peser des poids semblables à ceux de Grenoble, où la livre contient 16 onces; 4° que tous acheteurs ou vendeurs ne pourront faire usage que des susdits poids et mesures, dûment estampillés, et ce sous peine de 25 francs d'amende, pour chaque infraction; 5° que tous les poids et mesures seront visités lorsqu'on le jugera utile et nécessaire, et que tous poids ou mesures defectueux et non contrôlés seront remis à la Cour de justice du lieu. Les mêmes lettres nomment Jean Buchicherd garde et maître visiteur des poids et mesures du mandement de Crémieu, lui accordent pour rémunération le droit de percevoir pour la vérification et estampillage de chaque aune, livre, balance et pierre, quelle qu'en soit la dimension, la somme de 20 deniers; lui imposent l'obligation d'avoir à Crémieu, à la portée du public, des modèles ou étalons, soit en pierre, soit en fer de chaque mesure de longueur, petite ou grande, ainsi que des différents poids, en usage, depuis les plus petits jusqu'au poids de 24 livres, lesquels mesures ou poids étalons devront avoir été préalablement poinçonnés à la marque de Grenoble; l'autorisent à visiter les poids et mesures toutes les fois qu'il le jugera opportun, avec obligation de dénoncer à la Cour de justice de Crémieu les infractions constatées; lui accordent, comme encouragement le tiers des amendes qui seront prononcées contre les délinquants; lui imposent, enfin, l'obligation de payer annuellement au fisc delphinal, une cense de 12 deniers et 15 sous.

Corr. B. 2967, f° 25.

2099 *Grenoble, 17 juillet 1458*

Lettres[1] du gouverneur concédant par albergement à Claude de

[1] Les mêmes lettres relatent qu'en 1378, l'administration delphinale avait déjà fait

Vienne dit Randon, bourgeois de Grenoble, l'usage de l'eau de l'Isère *(rivagium)*, dans toute l'étendue du mandement de Grenoble, pour y construire des moulins et autres artifices mus par des roues à eau, à l'instar des moulins existant sur le Rhône, à Lyon ; moyennant une pension annuelle de 40 sous, et sous la condition que nul autre ne pourrait édifier de semblables artifices à roues, sur l'Isère, à Grenoble, sans une autorisation expresse de l'albergataire, et que la susdite pension serait éteinte, au cas où les moulins viendraient à disparaître.

Copie. B 2948, f° 721.

2100 *Grenoble, 2 août 1458.*

Lettres[1] du gouverneur, prises à la relation de la Cour, par lesquelles, — après avoir relaté que quoiqu'il eût, par lettres, au mois de juin de l'année précédente, taxé le cours et la valeur qu'auraient les monnaies étrangères circulant en Dauphiné, elles continuaient, cependant, à y être prises pour la même valeur que les monnaies royales et delphinales, d'où il résultait que le pays était inondé d'espèces étrangères, alors que la bonne monnaie royale et delphinale passait à l'étranger, — il ordonne, qu'à partir de la prochaine fête de Saint-Jean-Baptiste, aucunes monnaies étrangères, à l'exception des grands et petits blancs et autres monnaies menues au coin de Savoie, qui étaient aux poids et loi des monnaies françaises, n'auraient plus cours en Dauphiné qu'à raison de 9 gros pour 8 gros de monnaies royales ou delphinales ce qui équivalait à 9 patats par gros; que les gros, quarts et patats anciens, que l'on ne trouvait plus que faibles de poids, de même que les écus de Savoie et du Pape.

---

construire sur l'Isère, vers le port de La Roche, un moulin à blé, porté par deux bateaux accouplés ; et que, le 1er août 1387, on avait également albergé, sous la cense de 20 sous, à Jean Batie et à Georges Tardit, l'autorisation de construire un moulin sur l'Isère, à Grenoble, mais qu'il avait été, peu après, emporté par une crue de la rivière. Depuis lors, le 7 octobre 1476, Georges Revol, escoffier, de Grenoble, sollicita de la Chambre des comptes l'autorisation de construire hors de la porte Perrière, sur la même rivière de l'Isère « certos pillonos lapideos », et offrait, pour cela, de payer annuellement une cense de 2 sous, bonne monnaie (B 3231, f° 51, v°.

[1] Voir les lettres du 25 juin 1457, acte n° 2083 ; — voir aussi sur le même objet les actes nos 2077 et 2091.

n'auraient cours que pour 21 gros, les florins d'Allemagne pour 18 gros, les florins du Pape et de Provence neufs pour 12 gros, les florins du Chat pour 12 gros, les ducats et les écus royaux et delphinaux pour leur valeur actuelle; et défend à tous marchands de donner aux monnaies une valeur supérieure à celle déterminée ci-dessus, etc.

COPIES. B 2826, f° 54, 2829, f° 21; et 2948, f° 111.

2101 *15 juin 1459*

Hommages prêtés au dauphin, par Louis et Hunet de la Villette, fils et héritiers d'Antoine de la Villette; le premier pour les château et seigneurie des Crottes, et tout ce qu'il possédait à Baratier, aux Orres et à Saint-André-les-Quebrun;[1] le second pour les biens qu'il avait dans les mandements de Savines, Chorges, Puy-Sanières et Saint-Clément.

MENTION. *Inv. des titres de la Chambre des comptes, Embrunais.*

2102 *8 novembre 1459*

Hommage prêté au dauphin par André Ferrus, pour ce qu'il avait acquis de François Ferrus, seig. de la Roche-des-Arnauds, dans les lieux de Veynes, Auriol et Le Glaisil.

MENTION. *Inv. des titres de la Chambre des comptes, Gapençais, t. 2.*

2103 *Grenoble, 26 novembre 1459.*

Lettres du gouverneur concédant à Claude Coct[2], citoyen de Grenoble, ainsi qu'à ses associés et héritiers, l'autorisation d'exploiter les mines d'or, argent, cuivre, sinople et acier qui existaient dans la châtellenie de Vizille, sous les clauses et conditions suivantes: les concessionnaires payeront annuellement au dauphin un droit d'antivage pareil à celui qu'ils payaient déjà pour les mines de fer des châtellenies de Theys et d'Allevard, qui leur avaient été concédées le 1er août 1457; auront la faculté de prendre dans les forêts delphinales les bois néces-

---

[1] Louis de la Villette, étant décédé sans enfant, laissa sa succession à son frère Hunet, qui, le 13 mai 1462, prêta de nouveau hommage.

[2] Voir sur Claude Coct, qui devint trésorier général du Dauphiné, la note 1, p. 174, t. 1.

saires pour étayer les fosses, ou construire leurs martinets, hauts-fourneaux et autres usines ; pourront faire charbonner, dans les mêmes forêts, moyennant le prix accoutumé, les bois indispensables à la préparation de l'acier, réserve faite cependant de ne point couper les pièces propres aux constructions ni les arbres fruitiers, ni aucun bois situé dans les paroisses de Brié et de Jarrie, qui pourrait être facilement transporté à Grenoble. Ils auront la faculté de construire des hauts-fourneaux ou autres usines où bon leur semblera, dans la susdite châtellenie, en payant au dauphin, suivant l'usage, 2 florins et 12 carreaux par an ; pourront marquer les carreaux ou autres pièces d'acier fabriqués d'un dauphin et de fleurs de lys, sans que personne autre puisse se servir de cette marque sous peine de faux. Il fut encore stipulé que si une mine restait inexploitée, pendant deux ou trois ans, le dauphin pourrait la concéder à d'autres ; et que tant que Coct ou ses associés exploiteront ces mines, nul autre n'aura le droit d'en rechercher et extraire d'autres, dans la circonscription concédée, sans leur autorisation expresse? [1]

COPIE. B 2958, f° 129.

---

[1] Les procès-verbaux de révisions des feux contiennent sur l'exploitation des mines et la métallurgie quelques renseignements que nous croyons devoir reproduire. En 1447, les habitants du mandement d'Allevard constatent que l'exploitation des mines qui était l'une des sources de prospérité de leur vallée, avait, depuis une douzaine d'années, diminué d'un tiers, à raison de ce que les veines des mines ne fournissaient plus une quantité aussi abondante de minerai que par le passé, et que souvent même on perdait la trace de ces veines. Alors que jadis une *duodena* de mine rendait environ 3 quintaux de fer, au martinet, gros poids d'Allevard, la même quantité n'en produisait plus alors que deux quintaux, et ne faisait point du fer aussi bon que par le passé, car il était *roza et valde masos ac plus reddens de crassin sive crapa*. D'autre part, les fosses devenant de plus en plus exiguës, moins de mineurs pouvaient y travailler.

Le fer extrait des *foline* d'Allevard et de Theys était travaillé dans les martinets de Tencin, Brignoud, Vors, Domène, La Monta au mandement de Cornillon, dans ceux des mandements de Voiron, Moirans, Rives, La Sône, et, enfin, aux martinets de Trellin au mandement de l'Albenc et de Fure au mandement de Tullins. — Les martinets du mandement d'Allevard fabriquaient un bon tiers de moins de ce que par le passé, et le fer se vendait un tiers en moins ; en effet, le quintal de fer, au poids d'Allevard, qui douze ans auparavant valait couramment 3 florins ou 36 gros, ne valait plus que 22 et même 20 gros, suivant la qualité ; ce qui causait aux habitants un préjudice considérable. De plus, les martinets chômaient un tiers de

2104 *Grenoble, 12 mars 1460.*

Lettres du gouverneur adressées à maître Thibaud Girard [1], par lesquelles, — après avoir exposé qu'en l'absence du maître des œuvres du Dauphiné, il était cependant urgent de faire exécuter diverses réparations à plusieurs châteaux et autres constructions delphinales, — confiant dans sa probité, diligence et expérience, il lui mande de visiter personnellement les château et halle de la Côte-Saint-André, la

---

l'année, et le nombre des ouvriers, qui en moyenne était de 6 par martinet travaillant en menus ouvrages, avait diminué en proportion. (B 2742, f° 268).

De leur côté, les habitants de Tencin constataient aussi la même année 1447, que, depuis dix ans, deux martinets à fer avaient disparu dans cette paroisse, et que le seul qui y restait ne travaillait pas encore toute l'année (B 2742, f° 693, v°). — A Saint-Marcellin, en 1451, Guillaume Vachon s'était complètement ruiné en exploitant un martinet (B 2745, f° 201, v°).

[1] Thibaud Girard, maître maçon, de Grenoble, était probablement fils d'un autre Thibaud Girard, qui avait été maître des œuvres delphinales, en 1437 et 1447, et petit-fils de Jean Girard, dit de Genève, aussi maître maçon, qui, en 1385, avait exécuté les premiers travaux de la nouvelle maison delphinale de Grenoble (B 3121). Il avait déjà, lui-même, été chargé, le 20 décembre 1455, de surveiller l'achèvement des réparations entreprises, par ordre du dauphin, à la maison de la Trésorerie, à Grenoble, dans laquelle ce prince avait établi sa résidence (actes n°s 1901 et 1915). C'est probablement au même Thibaud Girard que l'on doit l'exécution du beau tabernacle de pierre sculptée, qui orne l'église cathédrale de Grenoble, et qui fut fait, sous l'épiscopat de Siboud Alleman, vers 1456.

Les travaux que dut prescrire Thibaud Girard, en exécution des lettres analysées ci-dessus, ne durent probablement pas recevoir d'exécution, car il fut de nouveau chargé, en l'absence du maître des œuvres, par lettres du gouverneur, données à Grenoble, le 14 mai 1463, de visiter de nouveau le château et autres édifices delphinaux de La Côte-Saint-André, qui menaçaient de tomber en ruines. Thibaud Girard dressa alors un devis des réparations à faire soit au château, soit à la halle, à la cour de justice, au four et à la grange du château de cette ville, qui montait à la somme de 470 fl., 8 gros. Les travaux durent être exécutés de suite, car le 28 octobre de la même année, sur la réquisition du procureur général fiscal, le gouverneur enjoignait au châtelain de Saint-Etienne-de-Saint Geoirs de contraindre, par toutes voies de droit et même de réduction sous la main du roi des revenus de sa châtellenie, Berton de Bocsozel, châtelain de la Côte-Saint-André, à payer aux prifacteurs des réparations qui venaient d'être faites aux édifices delphinaux de La Côte, une somme de 84 florins. (Titres de la Chambre des comptes, affaires militaires). Depuis lors, d'autres réparations, dont le devis montait à 280 fl., furent encore exécutées au château de La Côte, en 1473, par Antoine Pelerin, maçon, et, en 1476, par Antoine Richard (B 3631, f° 10).

cour de justice et les prisons de Saint-Marcellin, les châteaux de la Roche-de-Glun, Montélimar, Le Sauzet, Chabeuil et tous autres édifices du Dauphiné, où il y avait des réparations urgentes à prescrire, et d'en dresser les devis,

COPIE. Titres de la Chambre des comptes; affaires militaires.

2105 *Grenoble, 21 juin 1460.*

Lettres du gouverneur, prises à la relation de la Cour et adressées au châtelain de Saint-Symphorien-d'Ozon, par lesquelles il concède à Pierre Thomassin, bourgeois de Lyon, l'autorisation de faire paître les bestiaux de la grange qu'il possédait au mandement de Marennes, dans la forêt delphinale de la châtellenie de Saint-Symphorien-d'Ozon, et ce sous une redevance annuelle raisonnable, que fixerait le châtelain du lieu [1].

COPIE. B 2967, f° 578.

2106 *Grenoble, 26 septembre 1460.*

Lettres du gouverneur, prises à la relation du Parlement, par lesquelles. — après avoir exposé que lors de la dernière revision générale des feux [2], sur la proposition de quelques élus, il avait été dit et ordonné que dans les localités où il serait trouvé un plus grand nombre d'habitants que ceux révélés, ces habitants seraient ajoutés, et que pareillement là où il aurait été révélé moins d'habitants, le nombre en serait diminué; de telle sorte que pour l'établissement définitif de la part ou rate assignée à chaque localité, il serait établi une compensation entre les diverses communautés d'un même bailliage, — il commet le seigneur de Monteynard pour se transporter dans diverses localités, où il y avait lieu de pro-

---

[1] Le 8 juin 1461, noble Jean Dareste, châtelain de Saint Symphorien, fixa cette redevance à 2 livres de cire. — Par acte du 2 juin 1486, Claude Thomassin, fils de Pierre, fut également autorisé, sous la cense d'une livre de cire, à prendre, dans la même forêt de Saint Symphorien, le bois mort nécessaire aux clôtures et au chauffage de sa grange. (*Inv. des titres de la Chambre des comptes, Viennois*, t. 5, f° 120, v°).

[2] Cette révision générale avait été ordonnée par lettre du 24 avril 1458 (acte n° 2096).

céder à des modifications, faire exhiber les rôles, les contrôler avec le plus grand soin possible, et les envoyer, ensuite, au Conseil, avec son avis, pour être pourvu, sur le tout, ainsi qu'il conviendrait.

COPIE. B 2753, f° 7, v°.

2107 *Grenoble, 21 janvier 1461.*

Lettres du gouverneur, confirmant aux habitants de Gigors l'autorisation qui leur avait été concédée, le 4 février de l'année précédente de construire des fours, pour cuire leurs pains, sous la redevance annuelle de 4 deniers par feu [1].

COPIE. B 2983, f° 479.

2108 *Grenoble, 18 mars 1461.*

Lettres du gouverneur, statuant que les secrétaires ne pourront recevoir les dépositions des témoins, dans les causes portées devant le Parlement, qu'en vertu d'une commission expresse, signée de l'un des conseillers ; qu'il ne sera tenu compte d'aucunes autres attestations prises par eux, et que les contrevenants seront condamnés aux dépens dommages et intérêts, encourus par les parties pour lesquelles ils auront agi, et, en outre, à une amende de 25 l. t. envers le fisc delphinal.

COPIE. B 3232, f° 65, v°.

2109 *Grenoble, 26 mars 1461.*

Lettres du gouverneur, prises à la relation du Parlement, par lesquelles, — à la suite d'une requête [2] présentée par Guillaume, bâtard

---

[1] Par lettres du 5 novembre 1457, le gouverneur avait également autorisé Berton Romat, de Montmeyran, à construire un four, pour son usage personnel et celui de sa famille, moyennant le paiement d'une cense annuelle de 15 s. t. (B 2983, f° 540).

[2] Dans leur requête, les délégués exposaient : que par suite de la dernière révision générale des feux, faite récemment, le nombre total des feux du Dauphiné, qui précédemment était de 5,000 et plus, ne se trouvait plus être que de 4,800, ce qui faisait une diminution de 200 feux, mais que cependant les comtés de Valentinois et Diois se trouvaient grevés de 100 feux de plus qu'auparavant : que dans

de Poitiers, seigneur de Barry, frère Aimar Brutin, de l'ordre de Saint-Jean-de-Jérusalem, commandeur de Poët-Laval, Jean d'Eurre, châtelain d'Allex, et maître Claude Chapuys, notaire, syndic de la communauté de Crest-Arnaud, tous délégués par les gens des Trois-États du bailliage de Valentinois et Diois, à l'effet de poursuivre la diminution et la révision du nombre des feux solvables, dont ce bailliage avait été chargé et augmenté, lors de la révision générale des feux récemment opérée en Dauphiné. — Il mande à Jean Joffrey, secrétaire delphinal, de se transporter dans les diverses localités qui lui en feraient la demande, à l'effet de s'informer des erreurs qui auraient pu être commises dans l'assiette des feux du susdit bailliage et de la ville de Montélimar.

Copie. B 2768.

2110 *Avesnes en Hainaut, 18 juillet 1461.*

Acte par lequel Aimar de Poisieu, dit Capdorat [1], chevalier, seigneur de Pusignieu, maître d'hôtel du roi, bailli du Bas-Pays du Dauphiné, nomme pour ses procureurs à l'effet de gérer les offices et biens qu'il avait en Dauphiné ses frères, l'archevêque de Vienne [2], Georges et Jacques de Poisieu [3], ainsi que maître Jean de Ventes [4], docteur en les deux droits, du diocèse d'Évreux.

Copie. B 2961, f° 356.

---

les mêmes comtés, où 15 bellues n'en valaient pas 10 des autres bailliages, on avait imposé un feu pour dix habitants, alors que dans le reste de la province, où les habitants étaient beaucoup plus aisés, 8 ou 9 d'entre eux ne constituaient cependant qu'un seul feu. Ils exposaient encore que le Valentinois et le Diois ne comprenaient presque que des châteaux et villas fermées ; qu'on n'y trouvait que fort peu de villages ruraux ; qu'il n'y avait que de rares cultivateurs propriétaires ou éleveurs de troupeaux, mais que les habitants en majeure partie n'étaient que de pauvres manœuvres, louant leur travail au jour le jour ; que d'autres ne possédaient aucune terre, mais seulement une habitation et quelques effets mobiliers ; que beaucoup d'autres, enfin, étaient des artisans, originaires des contrées voisines, ne possédant absolument rien et ne vivant que de leur art. Finalement, ils exposaient la profonde misère, de leur pays, qu'ils attribuaient notamment à la fréquence des épidémies et des épizooties, et à l'usure que pratiquaient les juifs qui y résidaient (B 2766).

[1] Voir, sur Aimar de Poisieu, la note 2, p. 45, t. Ier.

[2] Voir, sur Antoine de Poisieu, archevêque de Vienne, la note 1, p. 297, t. Ier.

[3] Voir, sur Jacques et Georges de Poisieu, les notes 4, p. 47, du t. Ier ; et 1, p. 127, du t. II.

[4] Voir, sur Jean de Ventes, qui devint conseiller au Parlement, les notes 3,

2111 — *19 août 1461.*

Hommage prêté au roi-dauphin, entre les mains du lieutenant du gouverneur, par noble Louis Chevrier [1], pour les châteaux, terres et seigneuries de Montléans, qu'il avait acquis de François de Bressieux.

MENTION. *Inv. des titres de la Chambre des comptes, Viennois*, t. 3, f° 297, v°.

2112 — *Grenoble, 28 janvier 1462.*

Lettres du gouverneur par lesquelles, à la supplication de frère Hugues Venterol, religieux de l'ordre de Saint Benoît, prieur de Nacon et chapelain d'honneur du roi-dauphin, « affirmant soi douter de « plusieurs personnes ses hayneux et malveillans », il le prend et met sous la protection et sauvegarde du roi-dauphin, ainsi que ses serviteurs et biens, moyennant le paiement annuel de deux livres de cire de garde ; et mande de le maintenir et garder dans toutes ses possesssions, droits, usages, franchises, libertés et saisines, et de le défendre « de toutes injures, violences, griefs, molestations, oppres- « sions, force d'armes, puissance de laics et de toutes autres inquié- « tations et nouvelletés indues. »

COPIE jointe au compte de la châtellenie du Beauvoir-en-Royans, rendu pour 1461, par noble Jean Vallin, châtelain.

2113 — *27 novembre 1462.*

Hommage prêté au roi-dauphin par Jean Maréchal, seigneur de Montfort en Maurienne, au nom de Philippa Alleman, son épouse,

---

pp. 44 et 100 du t. II. — Ce personnage, envoyé en Dauphiné par Aimar de Poisieu, était arrivé, dès le 19 août 1461, jour où il se faisait mettre en possession, au nom de son mandant, par Guillaume de Vennac, bailli des Montagnes du Dauphiné, de l'office de bailli du Bas-Pays (B 2961, f° 349). — Le même jour, de son côté, Georges de Poisieu, nommait, au nom de son frère Aimar, pour ses lieutenants au siège de justice du Graisivaudan, François Guiffrey, procureur fiscal, Etienne Autrant et Pierre Lagier, fermier du greffe de la même cour ; Valentin Baquelier, Jean Serment et Pierre de Succles (*ibid.*, f° 349, v°).

[1] Noble Louis Chevrier (Chiurerii), habitait à Vienne, en 1458 (B 2718, f° 268).

pour les château et terre de Puygiron, qu'elle avait acquis de Jean de Valpergue, par échange du 7 février 1458[1].

MENTION. *Inv. des titres de la Chambre des comptes, Valentinois et Diois*, t. 4, f° 1825.

2114 *Grenoble, 14 Février 1463.*

Hommage prêté au roi-dauphin, entre les mains du lieutenant du gouverneur, par noble Pierre Beuffani, procureur d'Isabelle de Saluces, veuve de noble Barthélemy de Brancas, d'Avignon, tutrice de Jean-Pierre et Gaucher de Brancas, ses enfants mineurs, pour les châteaux et seigneuries de Vallaurie et de Roussas, ainsi que pour 300 livres de revenu à prendre sur le péage du Buis, que Jean-Pierre de Brancas avait acquis, par acte du 30 oct. 1462, de Jean, vicomte d'Uzès, au prix de 3.500 écus d'or[2].

COPIE. B 2652.

2115 *17 juin 1463.*

Hommage prêté au roi-dauphin par Pierre de Baratier, coseigneur des Crottes, pour tous les biens qu'il possédait aux Crottes et dont il

---

[1] Jean Maréchal, prêta encore hommage, au nom de son épouse, le 21 mai 1467, pour la même terre de Puygiron, et, en outre, pour divers biens situés au Sauzet, qu'elle avait acquis par échange de noble Robin de Carmudes (*Inv. des titres de la Chambre des comptes, Valentinois*, t. 4, f° 1825).

[2] Jean vicomte d'Uzès, après s'être fait mettre en possession des terres de Vallaurie et de Roussas, ainsi que de divers autres biens, qui avaient été légués à feu Elzéar vicomte d'Uzès et à son fils Pierre, avait prêté hommage au dauphin le 22 janvier 1453 (*Inv. des titres de la Chambre des comptes, Valentinois*, t. 4, f° 1691; et acte n° 1007).

De son mariage avec Anne de Brancas, il ne laissa qu'une fille unique, qui fut mariée par contrats des 1er mars et 24 juin 1486, à Jacques de Crussol, auquel elle porta en dot le vicomté d'Uzès, à condition que son mari porterait le nom et les armes d'Uzès écartelées à celles de Crussol.

Quant aux terres de Vallaurie et de Roussas, après avoir été saisies sur Jean-Pierre de Brancas, elles furent achetées aux enchères publiques par Antoine bâtard d'Uzès, en 1475 (voir l'acte n° 2223).

avait hérité, tant de son père, Pierre, que de son frère Mathieu de Baratier.[1]

MENTION. *Inv. des titres de la Chambre des comptes, Embrunais.*

2116 *16 septembre 1463.*

Hommage prêté au roi-dauphin entre les mains du lieutenant du gouverneur, par Jean Artaud, seigneur de La Roche-sur-Buis, pour les châteaux, terres et seigneuries de Bellegarde, Montlahuc et le fief d'Establet, au diocèse de Die.

MENTIONS. *Inv. des titres de la Chambre des comptes, Valentinois et Diois*, t. 1, f° 313, t. 3, f° 503, et t. 4, f° 2421, v°.

2117 *Grenoble 22 septembre 1463.*

Lettres du gouverneur, prises à la relation du Parlement, commettant Guillaume Reynard[2], capitaine châtelain des mandements de Grane et du Sauzet, pour alberger et donner en amphythéose, aux enchères publiques, tous les biens vacants situés dans l'étendue des susdits mandements.

COPIE. — B 2983, f° 761.

2118 *1er octobre 1463.*

Hommage prêté au roi-dauphin par Gabriel de Bardonenche, pour les fiefs qu'il avait acquis, dans les paroisses de Bardonèche et de Rochemolles, en 1461, de Philippe de Bardonenche, au prix de 1,500 florins.

MENTION. *Inv. des titres de la Chambre des comptes, Briançonnais.*

2119 *10 octobre 1463.*

Hommage prêté au roi-dauphin, entre les mains du lieutenant du gouverneur, par Gillo du Puy, dit de Bellecombe, seigneur de Murinais, fils et héritier de François du Puy, dit de Bellecombe, pour les

---

[1] Pierre de Baratier étant décédé, ses fils Pierre et Etienne prêtèrent, à leur tour hommage, le 7 avril 1479, pour tout ce qu'ils possédaient à Baratier, aux Crottes et aux Orres. (*Inv. des titres de la Chambre des comptes*).

[2] Sur Guillaume Reynard, voir les notes 4, p. 181 et 2, p. 493, t. 1er.

château et mandement de Murinais, avec toute juridiction ; la maison forte de Montalieu, au mandement de la Buissière, ainsi que pour des terres et bois situés au mand. de Moras, lieu dit à la Rivoire [1].

MENTIONS. *Inv. des titres de la Chambre des comptes, Graisivaudan*, t. II, f° 529, et *Saint-Marcellin*, t. II, n° 2015, et t. III, f° 234.

2120 — *17 novembre 1463.*

Hommage prêté au roi-dauphin par Gui Pape [2], doct. en droits, habitant de Grenoble, pour la terre de Saint Auban, aux [illegible] ronnies, la parerie de Montclar, au diocèse de Die, ainsi que pour les rentes qu'il percevait à Beaufort et dans les paroisses de Fontaine, au mand. de Sassenage, et de Corenc, au mand. de Montfleury, qu'il avait acquises d'Antoine de Sassenage, seig. d'Izeron, et de Jean Grinde, seig. du Molard.

ANALYSES. *Inv. des titres de la Chambre des comptes, Graisivaudan*, t. 5, f° 51, v°, t. 8, f° 117, v°, et *Valentinois*, t. 3, f° 332, v°.

2121 — *Abbeville, 30 novembre (1463).*

Missive du roi Louis (XI), adressée à Jean Cherbourt, général maître des Monnaies, relative à la mission dont il l'avait précédemment [illegible]gé [3] de se rendre en Dauphiné pour y prendre les deniers d'or qu'il trouverait dans les boites des Monnaies de cette province [4].

COPIE. B. 2826, f° 85, v°.

---

[1] Le 27 janvier 1466, après le décès de Gille du Puy, Aimon d'Arvillard, seig. de La Bâtie-d'Allevard, comme tuteur des enfants mineurs du susdit Gille du Puy, prêta également hommage pour les mêmes biens. (*Inv. des titres de la Chambre des comptes, Graisiv.*, t. 1, f° 530 v°).

[2] Voir sur Gui Pape, conseiller au Parlement, les notes t. p. 35, t. Ier; et t. p. 71, t. II. — Jean Pape, fils du précédent, prêta également hommage, le 8 janv. 1480, pour la parerie de Montclar, dont il avait hérité de son père. (*Inv. des titres de la Chambre des comptes, Valent.*, t. 3, f° 337).

[3] Voir l'acte n° 1375.

[4] Voici la teneur *in-extenso* de cette lettre :

« De par le Roy,

« Notre amé et féal, nous avons receu vos lettres faisans mencion que ès boetes, « que piéça aviez laissées en garde aux gens des comptes qui pour lors estoient en

2122 *1er décembre 1463.*

Hommage prêté au roi-dauphin, entre les mains du lieutenant du gouverneur, par Jacques de Beaumont[1], au nom de sa mère, pour la terre de Saint-Quentin.

MENTION. *Inv. des titres de la Chambre des comptes, Saint-Marcellin*, t. 4.

2123 *Grenoble, 18 décembre 1463?*

Lettres du gouverneur, prises à la relation de la Cour, par lesquelles, — après avoir relaté que Louis de Laval, son prédécesseur, avait donné commission à maître Gervais Guyart[2], pour lors procureur fiscal de la Cour majeure des comtés de Valentinois et Diois, pour alberger les possessions delphinales vacantes qui pouvaient exister dans le mandement de Grane, mais que ce dernier avait quitté le Dauphiné avant d'avoir pu achever sa mission, — il commet Fortunat Bovier, notaire, procureur de la Cour majeure des susdits comtés, pour achever l'accensement, aux enchères publiques,

---

« nostre Daulphiné, n'avez pas trouvé ce que y aviez laissié, et a esté prins par le « seigneur de Chastillon, lors gouverneur ou dit pays, ainsi que Nous escripvez « dont sommes bien desplaisans, car à la dicte cause la faulte saucune en y a ne « pourra si bien estre actainte. Toutes voyes autre provision n'y peut donner, veu « mesmement que ceulx qui estoient lors en la dicte chambre sont presque tous « absens et mors. Nous voulons et vous mandons que vous mectez le fait de nos « monnoyes de par de là en ordre, pour le temps avenir, le mieulx que vous « pourrez. Et ce fait, prenez les deniers que avez trouvez es dictes boetes, que « vous avez laissées en garde aux diz gens des Comptes et qui sont en cecles du « temps depuis escheu et les apportez en nostre Chambre des Monnoyes à Paris, pour « estre fait le jugement, ainsi qu'il appartient et qu'il est accoustume faire le temps « passé, et vous en retournez le plustôt que pourrez. Donné à Abbeville le dernier « jour de novembre.

« Loys. »

« De la Loère. »

[1] Jacques de Beaumont, fils d'Ainard de Beaumont, seigneur des Adrets, et de Aimonette Alleman, dame de Saint Quentin. Voir sur ce personnage la note 1, p. 145, t. 1er, et les actes nos 1433 et 1484.

[2] Gervais Guyart, secrétaire delphinal, dès 1447 et procureur fiscal du Valentinois et du Diois, dès 1450, avait été destitué de ses fonctions le 26 octobre 1461 (acte n° 1313).

des possessions encore vacantes dans les mandements de Grane, Upie et Montmeyran.

COPIE. B 2983, f° 761.

2124 *21 décembre 1463.*

Hommage prêté au roi-dauphin par Antoine de Tholon, seigneur de Sainte-Jalle, comme procureur de son épouse, Jeanne de Forest, dame de La Laupie, pour la terre de La Laupie, avec toute juridiction.

MENTION. *Invent. des titres de la Chambre des comptes, Valent.* t. 3, p. 1194, v°.

2125 *24 décembre 1463.*

Hommage prêté au roi-dauphin, entre les mains du lieutenant du gouverneur, par Ozias Blache[1] pour ce qu'il possédait dans les mandements de Mens en Trièves, de la Mure et de Beaumont.

MENTIONS. *Inv. des titres de la Chambre des comptes, Graiv.* t. 1, f° 408, v°, t. 5, f° 307 et t. 7, f° 91 v°.

2126 *Tours, 8 janvier 1464.*

Lettres de Jean, comte de Comminges, gouverneur du Dauphiné et du duché de Guienne, constatant l'hommage que venait de prêter entre ses mains, au roi dauphin, Aimar de Grolée, écuyer, pour la seigneurie de Montrevel, ainsi que pour toutes les autres terres et seigneuries qu'il tenait du dauphin, dans le bailliage du Viennois[2].

ORIGINAL. B. 2652.

---

[1] Un Jacques Blache, notaire à Veynes, avait épousé Matheline, fille de noble Antoine Olivier, et tenait auberge dans la maison que cette dernière possédait à Saint-André-en Bauchaine, en 1427 (B 2740, f° 84). Ses héritiers qui se disaient nobles, habitaient à Livron, en 1458 (B 2767).

[2] Aimar de Grolée, prêta de nouveau hommage pour la baronnie de Bressieux et la terre de Montrevel, le 16 avril 1466 (*Inv. des titres de la Chambre des comptes, Saint-Marcellin*, t. 1er, f° 629). — Aimar de Grolée était fils de Jean de Grolée seig. de Montrevel, et de Béatrix de Mévouillon, et frère aîné d'Antoine de Grolée dit de Mévouillon, dont il a été parlé dans la note 2, p. 244, T. 2e. Il épousa Philippine-Hélène, fille de Jacques, baron de Sassenage et de Jeanne de Commiers, et testa le 6 mai 1492 (Gui Allard, *Hist. général. de la maison de Grolée*, Grenoble, J. Verdier, 1688, in-4°.)

2127 *Grenoble, 14 janvier 1464.*

Lettres du gouverneur, prises à la relation de la Cour et adressées aux châtelain et notaire de la Cour delphinale de Cornillon, par lesquelles, à la requête du Procureur général fiscal du Dauphiné, il leur mande, au nom du roi-dauphin, d'inhiber et défendre au seigneur d'Entremont[1] et à ses officiers, sous peine de confiscation des fiefs qu'il tenait en Dauphiné, de traduire, pour les molester et vexer, ceux des habitants, de la paroisse de Chartreuse, à la part delphinale, qui étaient ses hommes, devant une juridiction savoisienne, soit à Chambéry ou ailleurs, attendu que les susdits habitants étaient sujets delphinaux, qu'ils contribuaient aux subsides et tailles levés en Dauphiné, et avaient toujours servi, comme gens de pied, pour la défense des frontières, dans les guerres contre la Savoie; et leur ordonne, en outre, au cas où le seigneur d'Entremont ne voudrait point révoquer les exploits déjà faits et réparer les attentats commis par ses officiers, de l'ajourner personnellement devant le Parlement pour y répondre de ses actes.

Copie. B. 2918, f° 88.

2128 *Grenoble, 23 avril 1464.*

Ordonnance prise par le Parlement pour la conservation du sceau de cette cour et la manière de sceller les actes. Le sceau sera gardé dans un coffret fermant avec deux clefs, dont l'une sera confiée au président et l'autre à un des conseillers; les greffiers ne scelleront les lettres que dans la chambre privée du Conseil, à l'exception, toutefois, des simples provisions de justice, qui, le plus souvent, sont rédigées sans délibérations de la cour[2].

Copie. B 3232, f° 67, v°.

---

[1] Jacques de Montbel; voir sur ce personnage les notes 1, p. 289, t. Ier et 3, p. 250, t. II.

[2] Voir, sur le même sujet l'acte n° 13 — Le 1er juin 1478, le Parlement prit une nouvelle ordonnance statuant que ses actes seraient scellés deux fois par jour, dans la Chambre du conseil, par le contrôleur et le scelleur, excepté, toutefois, les jours où ces derniers étaient obligés d'assister à l'audience publique, jours où l'on ne scellerait que l'après-midi; et que l'un des conseillers, à tour de rôle, assis-

2129 *Grenoble, 10 juillet 1464.*

Lettres de Jean, comte de Comminges, maréchal de France, gouverneur du Dauphiné, prises à la relation du Conseil [1] et adressées aux baillis du Bas-Pays et des Montagnes du Dauphiné et à leurs lieutenants dans les divers sièges de leurs bailliages, par lesquelles il leur mande, conformément aux ordonnances rendues par ses prédécesseurs et notamment par Enguerand d'Eudin (le 17 janv. 1388), de faire défense, dans tous les mandements de leurs circonscriptions respectives, à son de trompe, à tous sujets delphinaux d'avoir à recourir, dans les cas et causes profanes, à la juridiction ecclésiastique, et ce sous peine, contre chaque contrevenant, d'une amende de 50 marcs d'argent et de plus amples informations [2].

Copies. B 2961, f° 369, et B 3232, f° 66 v°.
Publiées. *Stat. delph.* éd. 1619, f° 114, v°.

2130 *19 juillet 1464.*

Hommage prêté au roi-dauphin par Jean de Morges, pour ses château et seigneurie de l'Épine et pour la moitié des seigneuries de Rosans, Savournon et Le Barsac [3].

Mention. *Inv. des titres de la Chambre des comptes, Baronnies.* t. 1, f° 341, v°.

---

terait au scellement, pour vérifier et lire les lettres et les faire refaire si elles n'étaient pas rédigées en bon style et due forme. (B 3232, f° 68).

Les deux sceaux dont le Parlement se servait pour sceller les actes, furent détruits en 1486, et remplacés le 21 octobre de cette année, par deux autres sceaux d'argent qui furent fabriqués à Paris, par ordre du Parlement; ils pesaient un marc d'argent et avaient couté 3 écus, y compris le coffret qui les renfermait (B 2119, f° 291).

[1] Etaient présents au Conseil: le seig. de Traynel (Guillaume Juvénal des Ursins), Aimon Alleman, seig. de Champs, Pierre Gruel, président, Soffrey Alleman, seig. de Châteauneuf, Jean de Salajard, tous chevaliers; Rolland Guillot, Pierre d'Oriolle, Geoffrey de L'Eglise, Jean de Ventes, A. Labise, avocat fiscal, Claude Coct, trésorier, Antoine Coct, prieur de Saint-Laurent, et Pierre Oblobert, auditeur des comptes.

[2] La même défense avait déjà été faite par lettres du gouverneur, le 27 mai 1461; elle fut depuis renouvelée le 30 mars 1465, (B 2961, f° 345). — Voir sur les défenses faites de recourir aux juridictions ecclésiastiques les actes n°s 649, 742, 1178.

[3] Jean de Morges, fils de Raimond de Morges, seigneur de L'Epine, après avoir

2131 *21 juillet 1464.*

Hommage prêté au roi-dauphin par Jalabart de Vese [1], pour les château et mandement d'Espeluche, mouvant de la seigneurie de Montélimar, pour la part acquise du pape par le dauphin.

MENTION. *Inv. des titres de la Chambre des comptes, Valentinois*, t. 2, f° 982, v°.

2132 *30 juillet 1464.*

Hommage prêté au roi-dauphin par Jean Blain, fils et héritier de Charles Blain, pour les mandements de Poët-Celard et de Saint-André [2], avec toute juridiction, la parerie de Saint Médard et les fiefs et rentes qu'il avait dans les mandements de Crest, Chabeuil, Bernoir [3] et Montmeyran.

MENTIONS. *Inv. des titres de la Chambre des comptes, Valentinois*, t. 1er f° 362, t. 2, f° 825, v°, et t. 4, f° 1712, v°.

2133 *Grenoble, 11 août 1464.*

Lettres du gouverneur, prises à la relation du Conseil, faisant défense à toutes personnes de proférer des jurements par le nom de Dieu, de la Vierge ou des Saints, et édictant les peines suivantes contre les délinquants : pour la 1re fois, une amende de 60 sous ; pour

---

échangé, par acte du 25 juin 1479, avec son frère André de Morges, la moitié de la terre du Châtelard en Trièves, qu'il possédait indivisément avec lui, contre la terre de Moydans, prêta de nouveau hommage, pour cette dernière terre, le 19 mars 1480. (*Inv. des titres de la Chambre des comptes, Gapençais*, t. 2, f° 3).

[1] La famille de Vese comprenait, au milieu du XVe siècle, un grand nombre de membres; on trouve notamment: Raimond de Vese, coseig. de Dieulefit et de Montjoux, en 1447 et 1457; Louis de Vese, coseig. de Dieulefit et du Pont-de-Barret, en 1447 et 1457; les héritiers de feu Rostaing de Vese, à Dieulefit, en 1447; ceux de feu Pierre de Vese, à Marsanne, en 1457; Claude, Raimonet et Louis de Vese, coseig. de Vese, en 1457; Dalmace de Vese, prieur et coseig. du Pont-de-Barret; Aimar de Vese, sacristain du prieuré d'Eurre et Guillelmette de Vese, à Taulignan, en 1458; Antoine de Vese, seig. de La Touche, habitant à Montélimar, en 1461 (B 2766, 2767, 2743. 2768).

[2] Saint André, auj. chât. commune de Poët-Celard (Drôme).

[3] Bernoir, h. commune de Beaumont-lès-Valence (Drôme).

la 2e fois, une amende double; pour la 3e fois, trois jours et trois nuits de prison au pain et à l'eau; pour la 4e fois, l'exposition au pilori, dans un lieu public, pieds nus et mains liées, avec un carcan au cou, depuis midi jusqu'à l'heure des vêpres; enfin, en cas de nouvelle récidive, le bannissement pendant une année, après avoir eu la langue percée avec un fer rouge [1].

COPIE. B 3232, f° 67.

PUBLIÉES. *Statuta delph.* éd. 1619, 2e p., f° 28, v°.

2134 *Grenoble, 11 août 1464.*

Ordonnance rendue par le gouverneur, à la relation du Parlement, statuant : que les frais et honoraires pour écritures, procès et actes des cours de justice et patrocines des avocats et procureurs seront prescrits, au bout de 10 ans, à compter du jour où la sentence aura été rendue, un accord intervenu entre les parties ou la cause mise *in domitorio*; que les notaires ne pourront grossoyer les actes que sur la demande de l'une des parties intéressées, et ce sous peine de la privation de leur charge et d'une amende de 25 marcs d'argent; qu'ils devront se contenter, pour la rédaction des notes ou minutes, de la moitié seulement des honoraires alloués par les statuts delphinaux pour les actes grossoyés, et qu'au cas, où ultérieurement on leur demanderait la grosse, ils devront déduire, du prix de cette grosse, la somme qu'ils auront déjà reçue pour la minute.

PUBLIÉE. *Statuta delph.*, éd. 1619, 2e part., f° 28.

2135 *Grenoble, 17 septembre 1464.*

Acte par lequel François d'Eurre [2], seigneur d'Eurre, au diocèse de Valence, après avoir exposé que le roi-dauphin Louis (XI) lui avait fait don, par lettres patentes du 27 juin précédent [3], de tous les

---

[1] Le roi Charles VII avait précédemment rendu, à Chinon, le 9 mars 1425 n. s. et à Paris, le 1er décembre 1437, deux ordonnances contre les blasphémateurs (B 2904, f° 501 et 2905, f°s 113 et 340). Le roi Charles VIII en rendit également une aux Montils-les-Tours, le 17 décembre 1493 (B 3184).

[2] Voir, sur François d'Eurre ou d'Urre, la note 3 p. 30 du t. 2.

[3] Acte n° 1799.

biens qui avaient appartenu à feu Guillaume bâtard de Poitiers [1], se reconnait, à raison de ces biens, homme-lige du dauphin et lui prête, en conséquence, hommage, entre les mains d'Aimon Alleman, lieutenant du gouverneur, pour les châteaux, seigneuries, mandements et juridictions de Soyons, Auriples avec le péage de la Traverse, Saint-Genis, Barry, Vercheny, Eygluy, Omblèze, Ansage avec une portion de la montagne d'Ambel, Châtel-Arnaud, Vaunaveys, partie de la seigneurie de Rochebaudin, Aiguebonne et Aubenasson, une forêt au mandement de Rochefort, Truinas, la baronnie de Luc, partie de Lesches, Miscon, Fourcinet, Rochebrianne, Saint-Cassian, partie de Val-de-Thoranne [2], ressort et supériorité de Montlaur et du Pilhon, Fiancaye près La Vache, la forêt de Fouillouse au mandement de Châteauneuf-d'Isère, des rentes dans les mandements de Quint et de Pontaix, la 4e partie de la montagne d'Ambel, ainsi que pour tous les hommages, cens, revenus, moulins, ayguages, péages, bois, prés, terres et droits qu'il possède dans l'étendue des précédentes terres et seigneuries.

COPIE. B 2983, f° 839.

2136 *Grenoble, 26 septembre 1464.*

Lettres du gouverneur, prises à la relation du Parlement et adressées à Armand Thomas, clerc-greffier au Parlement, par lesquelles, — sur une requête du Procureur général où il avait exposé que plusieurs châteaux et forteresses delphinales, par défaut d'entretien, étaient tellement détériorés que, si il n'y était promptement remédié, ils ne tarderaient pas à être complètement en ruines, — il lui mande de se transporter dans les diverses localités du Dauphiné, avec le maître des œuvres [3] et autres experts nécessaires, pour y visiter les

[1] Voir, sur Guillaume, bâtard de Poitiers, les notes 1, p. 16 du t. 1er, et 3, p. 3 du t. 2.

[2] Auj. *Les Tours*, ruines, commune de Beaurières (Drôme).

[3] L'existence, en Dauphiné, d'un maître des œuvres, *magister operum dalphinalium*, officier chargé de parcourir la province pour y visiter les constructions delphinales et les grandes routes, prescrire les réparations à y faire et en dresser les devis, parait remonter au milieu du XIVe siècle. Il avait sous ses ordres un ou plusieurs lieutenants ou vimaîtres, qui souvent se qualifièrent aussi de maîtres des œuvres.

châteaux et prescrire les réparations à faire, en y appliquant le tiers des revenus de chaque châtellenie[1].

Copie. Titres de la Chambre des comptes, *Affaires militaires*.

2137 *18 février 1465.*

Hommage prêté au roi-dauphin, entre les mains du lieutenant du gouverneur, par Louis Loup, fils d'Antoine[2], comme procureur d'Alix d'Arces, sa mère, pour la maison forte de La Bâtie de La Frette.

Menyon. *Inv. des titres de la Chambre des comptes, Graisivaudan*, t. 8, f° 231.

Les maîtres des œuvres delphinales disparurent, vers la fin du XVI° siècle, après que l'aliénation de toutes les terres domaniales eut rendu leurs fonctions inutiles. Voici ceux dont il nous a été possible de retrouver les noms : noble Humbert Colonel, damoiseau, 1366, 1369 ; — Dominique de Louppy, lieutenant du trésorier général en 1371, maître des œuvres en 1373 ; — Etienne Voisin, 1370, décédé en 1398 ; — noble Jacques de Beaujeu, charpentier, châtelain de Grenoble et de Claix, nommé par lettres du gouverneur du 29 avril 1398, et ensuite confirmé par lettres du roi-dauphin Charles VI, du 28 août 1400, et du dauphin Louis Ier, du 6 mai 1410 (B 2946 et B 3223, f° 259) ; — Guillaume Richard, originaire de Quaix, 1415, 1427 ; — Thibaud Girard, 1437, 1447 ; — Pierre Blavod ou Blavoud, 1450, 1463 ; — Antoine Froment dit Désert, coulevrinier du roi, 1464, 1477 ; — Lyon Courtois, 1487 ; — François Bourcier, 1489, 1495 ; — noble Jean de La Colombière, 1508, 1519 ; — noble Achille de La Colombière, 1536, 1556 ; — Mathieu Paillet, destitué pour faire profession de la R. P. R., en 1569 ; — noble François d'Aragon, nommé par lettres du gouverneur, données au Camp de Chinon, le 20 sept. 1569 (B 2337, f° 150) ; — Mathieu Paillet, réintégré dans sa charge, 1576.

Au nombre des vimaîtres nous citerons : Jean Fabre, 1378 ; — noble Guillaume de Theys, 1399 ; — Guillaume Richard, 1401, devenu ensuite maître des œuvres ; — Guigues Richard, fils du précédent, 1417 ; — Michel Rosier, 1431 ; — Thibaud Girard, maçon, 1460, 1463 ; — Pierre de l'Eglise, dit Forme, charpentier, nommé le 26 févr. 1470, par le maître des œuvres Antoine Froment dit Désert (B 2948, f° 519), encore en fonctions en 1485 ; — Antoine Richard, 1481 ; — Vellegno du Danger, 1486 ; — Claude Bourg, de Gières, 1486, 1500 ; — Pierre Galles ou Galleys, de Voreppe, 1489, 1502 ; — Pierre Ollat dit Pesour, 1501, 1520 ; — Jean Achoud dit de Langres, 1506, 1509 ; — Jean Carlet, 1516 ; — Claude Caraman, 1509, 1516 ; — Pierre Fangeat, dit de Méandre, 1544 (Arch. de l'Isère, *Visites des châteaux*, B 3121-3134).

[1] Voir, sur le même sujet, les lettres du mois de mai 1474 (acte n° 2190).

[2] Antoine Loup, *Luppe*, habitait à Flevin, près de La Côte-Saint-André, en 1452, et 1458 (B 2748, f° 318 et B 2765).

2138 *Grenoble, 30 mars 1465.*

Ordonnance de Soffrey Alleman, lieutenant général en Dauphiné, statuant qu'aucune lettre ne pourra recevoir d'exécution, si elle n'a été préalablement présentée et vérifiée en la Cour de Parlement, et ce sous peine, contre les contrevenants, de prison et de 100 marcs d'amende, et, en outre, autorisant la libre circulation des grains, nonobstant les prohibitions faites précédemment, mais sous condition, toutefois, que l'on ne pourra livrer aucuns grains aux ennemis du roi.

Copie. B 2961, f° 359.

2139 *Grenoble, 10 juillet 1465.*

Lettres du gouverneur, prises à la relation de la Cour, par lesquelles, — après avoir exposé que André Silvestre, curé de Marignieu, craignait le ressentiment de nobles Pierre et Jean Pellerin, père et fils, et de leurs complices, — il le place, pour sa vie durant, sous la protection et sauvegarde du roi-dauphin, moyennant la redevance annuelle de 3 gros et demi; et mande de publier la présente sauvegarde, à son de trompe, dans les lieux accoutumés, d'apposer des panonceaux aux armes delphinales sur l'habitation du protégé, et de faire inhibition expresse aux dits Pellerin, sous peine d'une amende de 50 marcs d'argent, de troubler ledit Silvestre, en quoi que ce soit.

Copie. B. 2967, f° 67.

2140 *Grenoble, 26 août 1465.*

Lettres du gouverneur, par lesquelles, en exécution de la délibération des gens des Trois-États, en date du 11 du même mois, il enjoint aux auditeurs des comptes, de faire péréquer sur tous les sujets delphinaux, ecclésiastiques, privilégiés ou autres[1], à la seule

---

[1]Quoique les nobles, les membres du clergé et autres privilégiés fussent exempts de la contribution des subsides delphinaux, il arriva, cependant, que dans des cas exceptionnels, ils furent cotisés pour la levée des subsides votés par les États du Dauphiné. En janvier 1444, les États déclarèrent notamment que le subside de 24.000 fl. qu'ils concédaient au dauphin serait péréqué sur tous les sujets, sans exception aucune. Il en fut de même en 1483, lorsque le roi, ayant ordonné de lever, en plus de l'aide qui lui avait été concédée, une somme de 2.500 l. t. pour payer les dépenses de l'artillerie qu'il envoyait devant la ville de Nice, stipula que cette imposition supplémentaire serait levée sur tous les sujets du Dauphiné (acte n° 1822).

exception des nobles qui servaient en armes, la somme de 10,000 l. t., votée pour le paiement des troupes et autres affaires urgentes du roi-dauphin[1].

Analyses. Inv. des titres de la Chambre des Comptes, *Généralités*, t. 2, f° 323; — U. Chevalier, *Ord.* n° 481 : — Fauché-Prunelle, *Essai sur les anc. instit. des Alpes Cottiennes-Briançonnaises*, t. 2, p. 451.

2141 *9 décembre 1465.*

Lettres du gouverneur autorisant les syndics et habitants de la Côte-Saint-André à lever un impôt appelé *commun*, dont le produit serait employé aux réparations des fortifications de leur ville.

Mention. *Inv. des titres de la Chambre des comptes, Viennois*, t. 2, f° 20.

2142 *Grenoble, 5 février 1466.*

Lettres du gouverneur approuvant et confirmant l'albergement passé, au nom du dauphin, le 30 avril 1465, par Guillaume Reynard, seigneur du Cheylar, capitaine-châtelain de Grane, à Pierre Barbet, de la faculté d'établir un port et pontonnage sur la rivière de la Drôme, dans le mandement d'Upie, près de Grane, moyennant une cense annuelle de 5 florins.

Copie, B. 2983, f° 74.

2143 *25 février 1466.*

Hommage prêté au roi-dauphin, entre les mains du gouverneur, par Eynier du Puy[2], seigneur de La Roche, près Grane, pour ce qu'il possédait dans les mandements de Grane et d'Auriples.

Mention. *Inv. des titres de la Chambre des comptes, Valent.*, t. 3, f° 1134, v°.

---

[1] Le 13 du même mois d'août 1465, les commissaires députés par les Etats s'étaient assemblés, en la Chambre des comptes, avec le président du Parlement et un auditeur des comptes, pour péréquer la somme votée; ils avaient assigné 3000 l. t. sur les prélats et le clergé, et en avaient fait la répartition par diocèse ; les autres 7,000 l. furent réparties sur tous les autres habitants, même sur ceux des terres de l'église d'Embrun et sur ceux de Montélimar qui se prétendaient exempts (Fauché-Prunelle, *op. cit.*, t. 2, p. 452, d'après un manuscrit sur les Etats du Dauphiné).

[2] Eynier du Puy, qui avait déjà prêté hommage au dauphin, le 11 févr. 1447, pour la terre de la Roche, près Grane (acte n° 1851), avait épousé Catherine, fille d'Ainard de Bellecombe, seig. du Touvet et de Saint-Marcel (Gui Pape, *Décisions*, art. 96), et vivait encore en 1474, d'après une révision des feux de Peyrins.

2144 *26 février 1466.*

Hommage prêté au roi dauphin, par Jacques de Poisieu[1], pour la seigneurie du Passage qui s'appelait précédemment Saint-Étienne-d'Envelumps.

MENTION. *Inv. des titres de la Chambre des comptes, Viennois*, t. 4, f° 322.

2145 *19 avril 1466.*

Hommage prêté au roi-dauphin, entre les mains du lieutenant du gouverneur, par Louis de Mareuil, tant en son nom qu'en celui de son frère Jean, pour la mistralie des mandements de Champsaur et de Montalquier, pour laquelle leur feu père Jean de Mareuil[2], auditeur en la Chambre des comptes, avait déjà prêté hommage le 20 juin 1438.

MENTION. *Inv. des titres de la Chambre des comptes, Graisivaudan*, t. 2, f° 154, v°.

2146 *5 juin 1466.*

Hommage prêté au roi-dauphin, entre les mains du lieutenant du gouverneur, par le procureur de François de Revillase, prieur d'Aspres[3], pour le temporel de son prieuré et la juridiction du lieu d'Aspres.

MENTION. *Inv. des titres de la Chambre des comptes, Gapençais*, t. 1er, f° 52, v°.

2147 *Grenoble, 19 décembre 1466.*

Ordonnance par laquelle le Parlement, après avoir examiné les lettres de don de l'office de capitaine et châtelain de Voiron, concédé tant à Robin Aloze[4] qu'à Charles de Bigny[5], statue que les arrérages dus au jour du don de cet office fait au dit de Bigny ne lui appartiennent point, et mande, en conséquence, à noble Chrétien de La

---

[1] Sur Jacques de Poisieu, maître d'hôtel du roi, voir la note 4, p. 47, t. 1er.

[2] Voir, sur la famille de Mareuil, la note 5, p. 43, t. 1er.

[3] François de Revillase, qui était également prieur de Sigotier, vivait encore en 1472. La même année, noble Gabriel de Revillase était baille de la terre d'Aspres (B 2770 et 2771).

[4] Robin Aloze avait obtenu la châtellenie de Voiron, le 11 avril 1453 (acte n° 1018).

[5] Voir, sur Charles de Bigny, la note 1, p. 240 du t. 2.

Motte, châtelain de Voiron, d'en verser le montant à la trésorerie générale.

COPIE. B 2904, f° 259.

2148 *Grenoble, 4 mars 1467.*

Lettres du gouverneur, prises à la relation de la Cour et adressées au premier châtelain ou sergent delphinal, sur ce requis, mandant de signifier, au nom du roi-dauphin et sous peines formidables, aux châtelain et autres officiers du Queyras, défense d'exiger des habitants de cette châtellenie « les daces et clames » ni de les molester ou inquiéter contrairement aux privilèges et libertés dont jouissaient les habitants du Briançonnais [1].

COPIE. B 2992, f° 33.

2149 *Grenoble, 6 juin 1467.*

Lettres du gouverneur ordonnant que les habitants de la ville de Grenoble, qui tenaient en location des maisons et qui s'étaient absentés pendant la durée de la peste qui avait récemment désolé cette ville, ne pourraient point être poursuivis à raison du prix de leur location, pour le temps de leur absence [2].

---

[1] La même prohibition fut de nouveau renouvelée, par lettres du gouverneur données à Grenoble, le 10 janvier 1477 (B 2992, f° 33, v°)

[2] Durant tout le cours du XVe siècle, le Dauphiné fut ravagé par la peste ou autres maladies épidémiques, qui se succédèrent presque sans interruption, mais avec plus ou moins d'intensité. Dans la note 2, p. 335, t. Ier, nous avons déjà eu l'occasion de relater diverses particularités qui signalèrent la peste qui sévit en 1451 et 1452; depuis lors des épidémies régnèrent encore durant les années 1458, 1466, 1467, 1471 et 1482.

Nous croyons intéressant de résumer ci-après les renseignements, plus ou moins précis, que fournissent les procès verbaux de revisions des feux sur les pestes qui désolèrent notre région, de 1420 à 1458.

Toutes les communautés constatent une notable diminution de la population due principalement aux pestes et mortalités, *pestes, mortalitates*, qui eurent lieu à diverses reprises, mais surtout en 1420, 1428, 1439 et 1442. En 1442, les habitants de La Buissière relatent que les mortalités qui, depuis vingt ans, avaient sévi dans tout le Graisivaudan, avaient fait périr plus du tiers des habitants solvables « foca solubilia facere debentes » (B 2742, f° 347). — En 1445, ceux du mandement d'Avalon constatent que les mortalités qui régnaient périodiquement en ce lieu, de six en six

2150 *Grenoble, 17 juin 1467.*

Lettres par lesquelles, le gouverneur, à la relation du Conseil, déclare être nobles et exempts, et ce contrairement aux prétentions des

---

ans, et avec plus de violence que dans les localités voisines, et surtout deux grandes pestes survenues depuis moins de 15 ans, avaient enlevé plus de 1.000 personnes des deux sexes, tant grandes que petites, *tam magne quam parve, quam etiam pueri et infantes* (B 2742, f° 302). — Dans le mandement d'Allevard, trois grandes mortalités survenues en 1420, 1428 et 1439, avaient enlevé plus du tiers de la population. En 1420, on avait enterré dans les cimetières paroissiaux : à Saint-Marcel-d'Allevard, 800 personnes environ; à Saint-Pierre-d'Allevard, 1.000; à la Ferrière, 120; à Pinsot, plus de 100; à La Chapelle-du-Bard, 140. En 1428, plus de 400 personnes périrent dans les mêmes paroisses, et, enfin, l'épidémie de 1439, qui dura quatre ans, « per intervalla » enleva, à Allevard 400 personnes, à Saint-Pierre-d'Allevard plus de 200, à la Ferrière plus de 120, à Pinsot 80, à La Chapelle-du-Bard 100. (B 2742, f° 265). — Dans la châtellenie de Theys, deux grandes mortalités qui eurent lieu, en 1435 et 1439, et durèrent chacune environ deux ans, firent périrent dans la paroisse de Theys 1.200 habitants, dans celle de Tencin 240, dans celle d'Hurtières 140, dans celle des Adrets 200, au Champ et à la Pierre 160, à Froges 120, à Laval 500, à Sainte-Agnès 360, à Villard-Bonnot 300, au Versoud 140, et à Saint-Mury, Saint-Jean-le-Vieux et La Combe-de-Lancey, environ 60 (B 2742, f° 691).

Dans les diverses paroisses qui formaient le mandement d'Oisans, en l'espace de 20 ans (1428-1447), deux grandes mortalités avaient enlevé les deux tiers de la population, avaient ruiné les survivants, à cause des dépenses qu'ils avaient été obligés de faire *propter sepulturam deffunctorum, ut ymaginari potest ! ac legatorum relictorum solutionem*, et avaient laissé 289 maisons inhabitées (B 2744, f° 18). — Dans le mandement de Varces, en moins de quatre ans, 700 personnes étaient mortes de la peste; et dans celui de La Cluse l'épidémie, *quodam morbo caloris*, avait enlevé la majeure partie de la population (B 2740, f° 246, et B 2744, f° 624). — A Voreppe, vers 1438, grande mortalité où périrent beaucoup d'habitants, *multi habitantes capita domorum facientes* (B 2742, f° 601). — A Voiron, peu avant 1444, regna également une épidémie qui enleva presque tous les jeunes gens aptes à travailler, et peu d'années après, nouvelle peste dont moururent 200 personnes (B 2744, f°s 705 et 784). — Les habitants de La Mure et du Touvet constatent aussi que ces localités avaient eu à supporter deux *mortalitates et pestes ypidimiales* (B 2744, f° 614, et B 2763).

Dans le Viennois, la peste parait avoir fait moins de victimes qu'ailleurs, néanmoins les ravages qu'elle occasionna sont signalés dans nombre de localités, et entre autres à Vinay où *viguerunt mortalitates ex quibus populus fuit diminutus* (B 2738, f° 544, v°); — à Sillans, *tres grosse mortalitates in quibus maior pars hominum juvenium laborantium possessiones decesserunt* (B 2763); — à Revel, *duo magne morta*

consuls de Grenoble, qui voulaient les faire contribuer aux tailles et subsides delphinaux, savoir : Pierre Rolland, Drevon Sonnier, Antoine Vallier, Antoine de Mollena [1], grefliers de la Cour majeure des appellations et nullités du Dauphiné, ainsi que Jean, François et Maurice Mottet, dit de Leymare, frères [2].

COPIE, B 2950, f° bis.

---

litates in quibus decesserunt multi habitantes (ibidem); — à Pinet, en 1457, *viguit prout et nunc viget magna pestilencia epydemie, ex qua magnus gentium numerus ad dominum migravit* (B 2741, f° 586) ; — à Serves, *duas mortalitates in quibus plura capita hominum decesserunt* (B 2738, f° 243) ; — à Mions, où moururent 50 personnes en 1439, et 60 autres en 1441 (B 2741, f° 356) ; — enfin, à Saint-Antoine, Roybon, Viriville, Saint-Donat, Septème, Saint-Alban-de-Roche, où sont signalés des ravages de peste à deux ou trois reprises différentes (B 2738, 2741 et 2745).

Mêmes constatations pour le Haut-Dauphiné : en 1446 dans le Champsaur, en 1447 à Chorges, et en 1458 à Embrun « *in patria Campisauri fuerunt due mortalitates* » (B 2744, f° 345, v°) ; « *tempori quo regnabat pestis in patria Ebredunesii et civitate* (B 2750, f° 1) ; *fuerunt* (à Chorges) *quatuor grosse mortalitates in quibus multi viri robusti decesserunt* » (B 2746, f° 53, v°).

Dans le Diois, le Bas-Valentinois et les Baronnies, la peste paraît avoir fait encore plus de victimes que dans le reste du Dauphiné. Des revisions de feux, faites en 1447, il ressort que de très nombreuses localités, comme Dieulefit, Alauson, Manas, Pont-Laval, Pont-de-Barret, Le Puy-Saint Martin, Chabrillan, La Garde, Rac, Valaurie, Roussas, Autichamp, La Roche, Blacon, Saint-Secret, La Baume-La-Lance, Montjoux, Penne, Audeffrey, Teyssières, Valouse, La Bâtie-de-Vese, Oreinas, Comps, Truinas, Fellines, Nyons, Saint-Auban, tant à cause des mortalités que des guerres, étaient presque complètement dépeuplées, qu'il n'y restait pas le quart des habitants qui fussent originaires de la contrée et qu'en majeure partie ceux qui y résidaient, pour lors, n'étaient que des étrangers nouvellement venus d'un peu partout, qui ne possédaient absolument rien et trouvaient à peine de quoi vivre (B 2743 et 2739). A La Bâtie-Verdun, il n'y avait plus qu'un seul habitant solvable, Jean Chabassut (B 2739, f° 301) ; à Gensac, quatre habitants tous misérables ; à Montanègre, deux mendiants. Quant à Paris et à Rochefourchat, il n'y avait plus personne, aussi *non fuerunt in fogagiis positi, quia nulli erant* (B 2767). — Sur la « Peste à Grenoble » V. *L'Assistance publique à Grenoble*, par M. Prudhomme.

[1] Antoine Vallier et Antoine de Mollena, avaient déjà été déclarés nobles et exempts des tailles delphinales par lettres du dauphin Louis, du 28 juillet 1455 (acte n° 1174).

[2] Ces lettres furent signifiées aux Consuls le 20 novembre 1467, avec inhibitions sous peine de 100 marcs d'argent d'amende, de péréquer les susnommés aux rôles des dons et subsides delphinaux. Les Consuls, cependant, n'en persistèrent pas moins à inscrire aux rôles des taillables plusieurs habitants qui se prétendaient no-

2151 *Grenoble, 11 août 1467.*

Hommage prêté au roi-dauphin par Guélis Méhenze[1], coseigneur de Beaujeu[2] et de Valbonnais.

MENTION. J. Roman, *Tabl. hist. du départ. des Hautes-Alpes*, p. 339.

2152 *Paris, 13 octobre 1467.*

Lettres du roi-dauphin Louis, adressées au premier huissier ou sergent delphinal, sur ce requis, par lesquelles, — après avoir exposé que Claude Coct, trésorier général du Dauphiné, lui avait fait parvenir une supplique contenant qu'il avait acquis le château de Bouquéron, duquel dépendait un droit de juridiction, tant haute, moyenne que basse, à raison duquel droit il y avait longtemps déjà qu'une difficulté s'était élevée entre Hugues Dauphin, seigneur de Faucigny, et Berlion, seigneur de Bouquéron, ensuite de quoi avait eu lieu une transaction amiable qui reconnaissait formellement au seigneur de Bouquéron un droit de juridiction sur le territoire qui entourait son château ; mais que, depuis lors, ce château ayant été possédé par des accenseurs, des pupilles et gens d'église usufruitiers, qui s'étaient contentés d'en percevoir les revenus, sans en sauvegarder les droits, il s'en était suivi que les religieuses de Montfleury, le châtelain de Montbonnot et autres avaient usurpé la presque totalité de la susdite juridiction, et que nonobstant toutes les démarches amiables qu'il avait tentées pour rentrer en possession de ses droits, ses adversaires s'y étaient constamment refusés, ce qui l'obligeait aujourd'hui, à

---

bles et exempts d'impôts. Aussi, par de nouvelles lettres, données à Grenoble, le 10 mars 1470, le gouverneur, à la relation de la Cour, déclara-t-il de nouveau que Michel Cassard, Pierre Rolland, les héritiers de Drevon Sonnier, Antoine Vallier, Guillaume Arnaud, Antoine de Mollena, Jean, François et Maurice Mottet, Jean Portier, Jean de Saint Germain, Ennemond Bovier, Pierre Ancelin, Jean de Villette, maîtres Jean Acthuyer, Claude Bœuf et Simon de Lausun, ces trois derniers greffiers au Parlement, seraient à l'avenir exempts de contribuer aux tailles et subsides delphinaux levés dans la ville de Grenoble, à condition, toutefois, de servir en armes le dauphin, lorsqu'ils en seraient requis, et fit défense aux Consuls et péréquateurs des tailles de la ville de Grenoble, sous peine d'une amende de 25 marcs d'argent, d'inscrire leurs noms sur les rôles des taillables (B 2950, f° 605).

[1] Voir sur Guélis Méhenze la note 1, p. 157, t. Ier.

[2] Beaujeu, cne de Ventavon (Hautes-Alpes).

recourir à l'intervention royale, dans le doute où il était que ses contradicteurs « ne se vueillent aider contre lui de présomption et long tenement », — il mande de faire exprès commandement, en son nom et sous de grandes peines, à la prieure de Montfleury ainsi qu'au châtelain de Montbonnot et à tous autres qui s'étaient emparés de la juridiction du château de Bouquéron, de laisser le suppliant user et jouir paisiblement de son droit de juridiction, dans les limites spécifiées dans l'accord dont est question ci-dessus, en les y contraignant par toutes voies dues, et en cas d'opposition de les ajourner devant le Parlement du Dauphiné, nonobstant toutes oppositions fondées sur une longue possession et la prescription[1].

COPIE. Titres du monastère de Montfleury, *Procès*.

2153 *Meaux, 23 juin 1468.*

Lettres du roi-dauphin Louis, adressées aux gouverneur ou son lieutenant, et gens du Parlement du Dauphiné, par lesquelles, — après avoir relaté que les prieure et religieuses de Montfleury lui avaient, par une supplique, fait connaître : que leur monastère avait été fondé par le dauphin Humbert II, qui, en 1348, leur avait fait don des château, mandement et juridiction de Montfleury ; que, depuis lors, elles avaient paisiblement joui de tout droit de juridiction entre la fontaine de Saint-Jean, le mont Rachais et l'Isère, mais que, néanmoins, Claude Coct, trésorier général, nouveau possesseur du château de Bouquéron, situé près de leur monastère, en exécution de lettres royales données à Paris, le 13 octobre dernier, les avait traînées en procès devant le Parlement de Grenoble, et s'efforçait de faire juger la cause par son ami Jean de Ventes et son propre frère Antoine Coct, prieur de Saint-Laurent de Grenoble, tous deux conseillers, ce qui leur occasionnerait un préjudice considérable, — il leur mande et enjoint expressement de garantir les droits des susdites religieuses et de faire terminer le procès pendant par gens non suspects ni favorables à l'une ou à l'autre des parties, en maintenant aux dites religieuses leurs possessions, prescriptions et autres exceptions dues et raisonnables, et en faisant inhibitions et défenses aux conseillers réputés suspects ou favorables, et ce sous de grandes peines, de

[1] Voir, sur le même objet, l'acte suivant.

s'immiscer en quoique ce soit dans la dite cause, et finalement « nonobstant toutes oppositions, faire aux parties, ouïes et entendues, « bon et brief droit »[1].

Copie. Titres du monastère de Montfleury. *Procès.*

2154 *28 juin 1468.*

Hommage prêté au roi-dauphin par Alix de Saporis, veuve de Jean Jossard, coseigneur de Châtillon en Lyonnais, pour la part qu'elle avait des seigneuries de La Val d'Oze, Vitrolles, La Bâtie-de-Véras, La Beaume-Rison, La Bâtie-Montsaléon, Ribeyrel, Sorbiers, Saint-André-de-Rosans, L'Epine, Montmorin, Chabestan, Châtillon en la vallée d'Oze, Céas et Bruis.

Mention. *Inv. des titres de la Chambre des comptes, Gapençais*, t. 1er, f° 19, v°, et *Baronnies*, t. 1er, f° 341, v°.

2155 *6 janvier 1468 (1469).*

Lettres du roi-dauphin Louis, déchargeant les religieuses du monastère de Montfleury des décimes pour lesquels elles avaient été comprises au rôle imposé, dans le diocèse de Grenoble, par les commissaires députés par le pape Paul II[2].

Enregistrées le 19 mai 1469.

Mention. *Inv. des titres de Montfleury*, f° 46.

2156 *13 janvier 1469.*

Hommage prêté au roi-dauphin par noble Barthélemy d'Hélis[3], de Saint-Jean-d'Hérans, pour les terres et rentes qu'il avait dans le mandement de Trièves.

Mention. *Inv. des titres de la Chambre des comptes, Graisivaudan*, t. 7, f° 93.

---

[1] Voir, sur le même sujet, l'acte précédent.

[2] La même exemption fut depuis confirmée aux mêmes religieuses, par lettres des rois François Ier, du 20 mars 1516 (1517, n. s.); Henri IV, des 12 décembre 1591 et 20 décembre 1593; et Louis XIV, des mois de juin 1648 et mars 1653. (*Inv. des titres de Montfleury*, f° 46, v° et 47).

[3] Barthélemy d'Hélis avait été anobli par lettres du dauphin Louis, du 22 novembre 1451 (acte n° 994).

2157 *(Grenoble), 22 février 1469.*

Lettres de Soffrey Alleman, maréchal du Dauphiné, lieutenant du gouverneur, ordonnant que les roturiers qui possédaient des fiefs ou arrière-fiefs relevant du roi-dauphin, contribueraient au ban et à l'arrière-ban[1].

MENTION. *Inv. des titres de la Chambre des comptes, Généralités*, t. 2, f° 501, v°.

2158 *20 mai 1469.*

Hommage prêté, tant au roi-dauphin qu'à l'archevêque d'Embrun, par Jean d'Orcières[2], pour les biens qu'il possédait à Chorges, Rousset, Espinasses.

MENTION. *Inv. des titres de la Chambre des comptes, Embrunais.*

2159 *12 juin 1469.*

Lettres du roi-dauphin Louis par lesquelles il confirme aux prieure et religieuses de Montfleury les privilèges d'exemptions de tous subsides et autres charges, péages et pontonnages qui se lèvent en Dauphiné, et que leur avait concédés le dauphin Humbert, par ses lettres du 14 juillet 1345[3].

MENTION. *Inv. des titres de Montfleury*, f° 11.

2160 *Grenoble, 27 octobre 1469.*

Lettres de Jean, comte de Comminges, gouverneur du Dauphiné, adressées au sénéchal des comtés de Valentinois et Diois et au juge-mage des dits comtés, par lesquelles, — après avoir relaté que par lettres précédentes, données à Grenoble, le 29 décembre 1469 (1468 n. s.), il avait donné commission à Jean Rabot, licencié en lois,

---

[1] Le Parlement, de son côté, par ordonnance du 5 juin 1469, statua que les roturiers, qui avaient acquis, de gens nobles, des censes mouvantes de la directe delphinales, les reconnaîtraient comme fiefs nobles (acte n° 1985).

[2] Jean d'Orcières, qui était aussi coseigneur de Montorcier et du Buissard, eut pour héritier son fils Jacques d'Orcières, qui vivait en 1473 (B 1771).

[3] Les mêmes privilèges d'exemptions furent depuis confirmés aux mêmes religieuses par lettres du roi Louis XIV, données à Paris, au mois de février 1650, enregistrées le 20 mai 1651 *(Titres de Montfleury)*.

visénéchal et juge-mage des susdits comtés, au siège de Crest, pour réformer les statuts de cette cour et en rédiger de nouveaux sur les émoluments des écritures, sceaux et autres droits, avec le concours et l'aide des avocats, notaires et praticiens qu'il jugerait les plus compétents, — il approuve et ratifie « les réformations, ordonnances et statuts » de la cour majeure des susdits comtés, rédigés par Jean Rabot, et prescrit de les faire strictement observer à l'avenir [1].

Copie. B 2983, f° 849.

2161 *1469*

Lettres par lesquelles le roi dauphin Louis (XI), approuve et confirme la fondation faite dans la ville de Grenoble, par Jean comte de Comminges [2], gouverneur du Dauphiné, d'un monastère de re-

---

[1] Le même gouverneur, à la demande des syndics de la ville de Montélimar, par lettres du 20 septembre 1470, chargea également Jean Rabot, de rédiger des statuts pour la cour de justice de Montélimar, statuts qu'il approuva ensuite par ses lettres, données à Grenoble, le mois d'avril 1471, avec ordre au visénéchal de ce siège de les faire strictement observer (B 2983, f° 933, v°).

Relatons encore que le même gouverneur, par lettres du mois de mai 1469, avait, à la demande des gens des Trois-Etats du Dauphiné, commis le vibailli du siège de Saint-Marcellin, pour rédiger des statuts et règlements pour réprimer les abus et exactions qui se commettaient dans cette cour de justice. Ces statuts furent aussitôt rédigés par Jean *de Allieve*, licencié en lois, vibailli et juge mage de la susdite cour, avec le concours de Ponce Galbert, doct. en lois, de Georges Ranel, doct. en décrétales, de François Rebut, Pierre de La Rue, François Mulet, notaires; c'est ce qu'apprennent des lettres du gouverneur, du 13 juin 1483, qui approuvent et confirment ces statuts, et enjoignent à noble Antoine Mulet, conseiller delphinal et alors juge de la même cour majeure du Viennois-Valentinois, d'en observer strictement les articles (B 2975, f° 3).

[2] Aux notes biographiques que nous avons données sur Jean, bâtard d'Armagnac, comte de Comminges (notes 1 des pp. 315 et 512 du t. 1er), nous ajouterons les détails suivants qui nous sont fournis par les testament et codicile du même personnage, rédigés au château de La Côte-Saint-André, les 27 avril et 6 juin 1473, année même de sa mort. Par ces dispositions de dernière volonté, il veut que son corps soit inhumé en l'église collégiale de Bourg-lès-Valence, dans le tombeau de marbre qu'il avait commandé et pour la confection duquel il avait déjà payé 100 fl. à un maître qui habitait à Grenoble; affecte aux frais de ses funérailles une somme de 2,000 ducats d'or, sur laquelle on prélèvera 500 ducats d'or pour la dotation d'une messe quotidienne en la susdite église du Bourg-lès-Valence; lègue : à sa fille Catherine, épouse de Gaston de Montferrand, chevalier, outre la dot qu'elle a reçue,

ligieuses de l'ordre de Saint-François, sous le vocable de Sainte-Claire[1].

Mention, Fontanieu, *Mémoires*, t. X (Bibl. nat. Fonds latin, mss., n° 10954).

3.000 écus d'or et ses châteaux et terres de Tournon, Gourdon et Fumel; à Johannot, son fils naturel, dit le Cadet, 2.000 francs ; à chacune de ses deux filles naturelles, Madeleine et Antonie, 3.000 écus d'or pour les marier ; à Johannot, son neveu, fils de Guicharnault, seigneur de Sarrasinet, sa terre de Castelnau de Levis, et à Tristan, frère du précédent, 2.000 écus ; à Bertrand, seigneur de Luperoux, sa baronnie de Mauléon et de Casaubon ; et ordonne que si le cas advenait que son frère, l'archevêque d'Auch, eût des tribulations tellement qu'il ne pût jouir de ses biens propres et tenir son état, il puisse prendre et choisir sur tous ses biens somme suffisante « pour demourer et tenir son estat à son plaisir » avec 15 personnes et 12 chevaux, durant sa vie et avant tous autres. Il fait ensuite des legs de 500 écus à Jean Jouye, dit Sable, son serviteur ; de 200 écus à Pierre Durand, dit Monvouloir, son héraut ; de 300 écus à la dame de Compey, qui habite avec son épouse, etc. Enfin il lègue à son épouse, Marguerite de Saluces, tous ses biens meubles et l'usufruit de tous ses immeubles, à condition toutefois « *qu'elle demourera et estera en estat de vefvaige et soy abstiendra de convoler à secondes nopces et autres veuts quelsconques tant seulement, sans rendre nul compte* », et comme la dite épouse était actuellement enceinte, si elle accouche d'une fille, il donne à celle-ci la somme de 10.000 écus d'or pour la marier, et en plus le vicomté de Sarrère, la baronnie de Causade et la seigneurie de Sauveterre. Les témoins du codicile furent: Pierre Gruel, président, et Jean Rabot, conseiller au Parlement du Dauphiné, Jacques, seigneur de Sassenage, Charles de Grolée, seigneur de Châteauvilain, Louis, seigneur de Saint-Priest, Charles de Lizaire, seigneur du Marteret, bailli des montagnes du Dauphiné, Artaud de Bouquéron, châtelain de la Côte-Saint-André, tous chevaliers, et Jean Jouyes, dit Sable. (B 4031 originaux).

[1] Pour l'établissement de ce monastère de religieuses Clarisses, le comte de Comminges avait acquis, durant les premiers mois de l'année 1469, divers immeubles situés dans la rue Pertuisière ; savoir : le 18 janvier de Pierre Guilloud, fils de Jean Guilloud, notaire, une maison avec grange et jardin contigus, au prix de 350 écus d'or ; le 27 mars, de maître Jean Audry, clerc des Comptes, une portion de jardin, au prix de 30 fl., plus, au prix de 12 écus d'or, une autre portion de jardin, dont Jean Coleman, auditeur des Comptes, venait de lui faire l'abandon ; enfin, le 24 avril, de noble Hugues Marc, moyennant 8 écus d'or, une pension annuelle de 4 sous, imposée sur la maison acquise de Pierre Guilloud. (B 3003, f° 412-419).

Jean Coleman, dont nous venons de citer le nom et qui avait été nommé auditeur ordinaire en la Chambre des comptes du Dauphiné, le 11 janvier 1464 n. s. (acte n° 1386), avait acquis une parcelle de jardin d'une demi-quartellée, en la rue Pertuisière, d'Hugues Marc, citoyen de Grenoble ; mais, comme il avait quitté le Dauphiné, sans espoir de retour, il avait écrit d'Abbeville le 24 décembre 1468, à

2162 *La Côte-Saint-André, 17 janvier 1470.*

Lettres par lesquelles le gouverneur, en vertu du pouvoir que lui avait conféré le roi, autorise François et Maurice Mottet, dit de Leymare, frères, écuyers et bourgeois de Grenoble, à se livrer au commerce, sans déroger pour cela à leurs privilèges de noblesse, pourvu toutefois qu'ils ne cessent de servir le roi-dauphin lorsqu'ils en seront requis ; et mande aux gens du Parlement et des Comptes et au trésorier du Dauphiné de laisser les susnommés librement jouir et user des présentes grâce et concession, en faisant inhibitions, sous grosses peines, à tous consuls, syndics, péréquateurs, exacteurs et collecteurs de tous subsides, aides, tailles, impôts, emprunts, dons et autres tributs, tant de la ville de Grenoble que d'ailleurs en Dauphiné, de les péréquer eux ou leurs héritiers aux rôles des susdits impôts et tailles, à raison de ce qu'ils se livraient au commerce [1].

Enregistrées le 2 avril 1470.

Copie. B 2950, f° 635.

2163 *Grenoble, 10 mai 1470.*

Lettres du gouverneur, prises à la relation du Conseil et adressées au châtelain de Saint-Lattier, par lesquelles il déclare que François et Antoine Chausson, frères, continueront, nonobstant les protestations d'Aimar de Poitiers, seigneur de Saint-Vallier, à jouir du droit que le dauphin et le seigneur de Chatte avaient jadis concédé à Telmon et à Pierre Petinot, aux droits desquels étaient les frères Chausson, d'entretenir un bac à traille, sur la rivière d'Isère, au lieu du Périer,

---

Jean Audry, de faire de cette parcelle ce qu'il voudrait. Le même Coleman, qui fut remplacé comme auditeur des Comptes, le 26 mai 1469 (acte n° 1514), aurait ensuite séjourné auprès du roi Louis XI, comme astrologue, et aurait appris à ce prince « *à cognoistre le grand Almanach.* » (Naudé, *Addition à l'histoire du roy Louis XI*, chap. V.)

[1] La même concession fut depuis confirmée aux frères Mottet, par le roi Louis XI, le 21 juin 1470 (acte n° 1535). François et Maurice Mottet devaient être les fils de Georges Mottet, dit de Leymare, qui était châtelain d'Exilles et d'Oulx et qui mourut en 1441. En 1477, François Mottet était l'un des associés d'Hugues et Paul Coct pour l'exploitation des mines de fer du Dauphiné (acte n° 2103).

pour faciliter les communications entre les deux rives ; et lui mande de faire observer de point en point le contenu des lettres de cette concession.[1]

Copie. B 2972, f° 36, v°.

2164 *Grenoble, 13 juillet 1470.*

Lettres[2] de Jean, comte de Comminges, maréchal de France, gouverneur du Dauphiné, adressées au bailli du Bas-Pays du Dauphiné et à son lieutenant au siège du Graisivaudan, par lesquelles, — sur une supplique du procureur fiscal du Dauphiné, contenant que le roi-dauphin ayant concédé à ses serviteurs presque tous les châteaux, villes et maisons fortes du domaine delphinal, ainsi que leurs fruits et revenus, il en était résulté que les dits châteaux et maisons tombaient en ruines, faute d'être entretenus, et que, d'autre part, les censes, tributs, et autres revenus emphythéotiques diminuaient de jour en jour, parce qu'on n'en renouvelait pas les reconnaissances, ce qui occasionnait un grand dommage, *dampnum non modicum,* — il enjoint, conformément aux ordres donnés par le roi à ce sujet[3], de séquestrer et de réduire sous

---

[1] L'autorisation d'entretenir un bac à traille sur l'Isère, au lieu du Périer, dans le mandement de St-Lattier, avait été confirmée aux frères Telmon et Pierre Petinot, par lettres d'Henri, seigneur de Sassenage, gouverneur du Dauphiné, en date du 6 avril 1419, sous la réserve toutefois, que les concessionnaires ne transporteraient d'une rive à l'autre aucun homme de guerre. Les frères Chausson, successeurs des précédents, ayant voulu, en 1468, remplacer la traille et le bateau de ce port, qui n'offraient plus une sécurité suffisante, Aimar de Poitiers, seigneur de Saint-Vallier, profita de l'occasion pour adresser au Parlement une protestation dans laquelle il exposait que l'existence de ce bac causait le plus grand préjudice au péage de Pizançon, dont il percevait les recettes avec son oncle Jean de Poitiers, seigneur de Chevrières, et avec le dauphin, et demandait, en conséquence, l'annulation des lettres qui l'avaient autorisé. Le Parlement avait même, tout d'abord, le 12 août 1469 interdit aux frères Chausson de maintenir leur bac (B 2972).

[2] Ces lettres doivent remplacer celles que nous avons analysées, sous le n° 1537, et que par erreur nous avons attribuées au roi.

[3] Par lettre missive, datée d'Amboise, le 26 juillet 1463, le roi Louis XI avait ordonné aux gens de la Chambre des comptes du Dauphiné d'envoyer, chaque année, un commissaire spécial, avec le maître des œuvres, dans toutes les places pour dresser le devis des réparations qu'il y aurait lieu de faire à chacune d'elles, et ensuite contraindre ceux qui les détenaient à faire exécuter ces réparations. (B 3232, f° 7; Vaësen, *Lettres de Louis XI*, t. 2, p. 137).

la main delphinale la cinquième partie[1] des revenus de toutes les terres du domaine, y compris même celles qui avaient été aliénées sous clause de rachat perpétuel, et d'employer, chaque année, cette *quinte part* à la renovation des terriers et aux réparations des châteaux et édifices delphinaux, suivant la répartition qui en aura été arrêtée par le maître des œuvres.

Comp. B 3231, fº 43.

2105 *Grenoble, 14 juillet 1470.*

Lettres du gouverneur, prises à la relation de son Conseil et adressées aux gens du Parlement et aux président et auditeurs des Comptes delphinaux, par lesquelles, — après avoir exposé que les prieur et couvent de La Grande Chartreuse demandaient que les rentes acquises, par erreur, au nom de leur couvent, soient transférées au nom de la chapelle du Saint-Esprit, fondée en l'église de leur monastère par le roi Charles[2], et ce attendu que le Parlement et la Chambre des comptes leur avaient, depuis peu, fait sommation d'avoir à se dessaisir de tous les cens, rentes et autres fiefs nobles, mouvants du fief delphinal, qu'ils auraient pu acquérir, sous un nom autre que celui de la susdite chapelle, — il leur mande de donner satisfaction à la juste demande des Chartreux[3].

Comp. B 2948, fº 240.

---

[1] Voir, au sujet du quint denier, l'acte nº 1750.

[2] Cette chapelle avait été fondée par lettres patentes, du roi Charles V, données au Bois-de-Vincennes, au mois de décembre 1370; les mêmes lettres concédaient aux Chartreux l'autorisation, pour entretenir la chapelle, d'acquérir jusqu'à la somme de 200 livres parisis de rentes, sans payer de lods et ventes.

[3] Le Procureur général fiscal s'opposa à l'entérinement et à l'exécution de ces lettres; aussi le gouverneur, par de nouvelles lettres, données à Grenoble le 19 du même mois de juillet 1470, ordonna-t-il de les enregistrer, avec injonction aux trésorier-général, président et auditeurs des Comptes d'en observer la teneur d point en point (B 2948, fº 240).

Relatons en passant que l'Ordre des Chartreux, pour lequel les populations du Dauphiné eurent de tout temps la plus grande estime, répandait déjà, au XIVᵉ siècle, d'abondantes aumônes. En 1444, le commissaire chargé d'opérer la révision des feux des paroisses de Chartreuse et de Sarcenas s'exprimait ainsi dans son rapport : « *dictas parrochias pro meiori parte absentassent homines dictarum parrochiarum nisi* « *fuissent substentati ex helemosinis eis elargitis per ordinem cartusyensem, quia non* « *crescunt aliqua blada preter quam ordea et avena et de illis pauca, nec alia blada* « *comedunt.* »(B 2712, fº 462, vº).

2166 *Grenoble, 8 février 1471.*

Lettres par lesquelles le gouverneur mande, aux châtelains delphinaux et seigneurs des terres patrimoniales, de faire péréquer entre les habitants de leurs châtellenies et seigneuries, la part ou rate assignée à chacune d'elles, de la somme de 12.000 l. t., accordée par les gens des Trois Etats, assemblés à La Guillotière, au mois de janvier précédent, en remplacement de la suppression de la pension de 24.000 l. t., que le roi avait concédée au duc de Calabre sur les habitants du Dauphiné [1].

Copie, B 2754, f° 118.

2167 *10 mai 1471.*

Hommage prêté au roi-dauphin par Jean de Varey, au nom de Marguerite Auger, son épouse, pour les seigneuries de Manteyer, Le Désert, Saint-André-La-Freissinouse, Châteauneuf, Oze, etc.

Mention, *Inv. des titres de la Chambre des comptes, Gapençais*, t. I, f° 261, v°.

2168 *Grenoble, 7 juin 1471.*

Lettres du gouverneur, adressées au premier sergent sur ce requis, par lesquelles, — après avoir relaté que les prieur et convent de la Chartreuse de La Silve-Bénite se plaignaient de ce que divers habitants de la paroisse de Saint-Michel-de-Paladru, sous prétexte d'avoir dans les forêts qui avoisinaient cette Chartreuse, un droit d'affouage ou d'usage pour leur chauffage, ne cessaient de couper des bois verts pour en faire des chars, charrues, tonneaux et autres objets, — il mande et enjoint d'interdire, tant au nom du roi-dauphin qu'au sien

---

[1] Voir sur le même sujet les lettres du roi, du 30 décembre 1470 (acte n° 1544). — Le comte de Comminges, gouverneur du Dauphiné, avait indiqué pour lieu de réunion des Etats la ville de la Côte-St-André ou telle autre localité dans laquelle il se trouverait. Les députés se rendirent à La Côte le jour fixé, mais ils n'y trouvèrent point le gouverneur qui était allé à Lyon pour le service du roi. Les gens des Etats lui députèrent un exprès pour l'informer de leur arrivée et le prier de leur assigner un lieu de la province où ils pussent s'assembler suivant leurs privilèges qui les dispensaient de sortir du Dauphiné. Le comte de Comminges désigna le bourg de La Guillotière, près de Lyon, où ils se rendirent le lendemain et délibérèrent dans le logis du Lion-d'Or. (Bibl. nat., Fonds lat., mss., *Mémoires* de Fontanieu, t. 2, p. 129).

propre, sous des peines formidables, aux habitants délinquants de couper des bois verts dans les susdites forêts et d'y envoyer paître leurs bestiaux, sans une autorisation expresse des religieux; et mande, en outre, en cas d'opposition des dits habitants de les ajourner devant le Parlement.

ORIGINAL, B 2965, f° 196.

2169 *Grenoble, 26 juin 1471.*

Hommage prêté au roi-dauphin, entre les mains du gouverneur, par Charles des Astars, pour les château, seigneurie et juridiction de Pierrelatte[1].

MESTTON, *Inv. des titres de la Chambre des comptes, Valentinois*, t. 4, f° 1657.
PERRIÉ, *Revue des Sociétés savantes*, t. 1, 1875.

2170 *Grenoble, 25 juillet 1471.*

Lettres du gouverneur, mandant à Claude Coct, trésorier général, de payer à Etienne de Beaupont, procureur fiscal général, la somme de 28 l. t., qui lui était due, à raison de 2 l. par jour, pour 14 jours de vacations qu'il avait employés, par ordre du Parlement, pour aller réduire, sous la main du roi-dauphin, les châteaux et revenus que le roi avait donnés au seigneur de Saint-Vallier[2], en le mariant avec sa feue épouse Marie de France.

COPIE, B 2948, f° 249, v°.

2171 *Grenoble, 5 septembre 1471.*

Lettres du gouverneur, prises à la relation de la Cour, prescrivant, en exécution de lettres du roi-dauphin, aux châtelains delphinaux et seigneurs hauts justiciers, tant ecclésiastiques que laïcs, de faire péréquer entre les hommes de leurs châtellenies ou seigneuries, les sommes qui leur sont assignées, pour paiement « *solutio* », en faible monnaie courante, de la moitié, des 45.000 florins, accordés au roi-dauphin par les gens des Trois-Etats, pour don gracieux de la pré-

---

[1] Voir sur Charles des Astars, auquel le roi Louis XI avait donné la seigneurie de Pierrelatte, le 21 juin 1462, la note 4, p. 401, t. 1er.

[2] Voir, sur Aimar de Poitiers, seigneur de Saint-Vallier, qui avait épousé Marie de France, fille naturelle de Louis XI, morte en 1469, la note 2, p. 122, t. 2.

sente année, ainsi que pour moitié de 2,000 florins libéralement concédés, par les mêmes gens des États, au gouverneur du Dauphiné [1].

Compt. B 2754, f° 120 et 168.

2172 *La Côte-Saint-André, 22 septembre 1471.*

Lettres du gouverneur constatant l'hommage prêté, entre ses mains, au roi-dauphin, par Ennemond de Breus, au nom d'Aimar de Breus, écuyer, son frère, et par Claude de Dril, au nom de Jean de Dril, son père, bourgeois de Romans [2], pour les seigneuries et juridiction de Marcolin et de Mureil.

Compt. B 2977, f° 445.

2173 *6 novembre 1471.*

Lettres du gouverneur commettant noble Jean de Chissé [3] à l'office de châtelain de La Roche-de-Glun [4].

Mention. B 3232, f° 902, v°.

2174 *Grenoble, 4 février 1472.*

Lettres du gouverneur, prises à la relation du Parlement, confirmant, au nom du roi-dauphin, l'albergement passé, le 18 janvier précédent, à Guillaume Pasquet [5], de la maison qui servait de Cour de justice à Quirieu, et qui tombait en ruines, et ce sous la redevance

---

[1] Des lettres semblables, données à Grenoble, le 26 novembre 1471, prescrivirent de faire péréquer les *rates* du second paiement du même subside, qui devait être soldé avant la fête de Saint-Vincent (B 2754, f° 168, v°). — Voyez pour le même sujet l'acte n° 2074.

[2] Aimar et Ennemond de Breus étaient l'un et l'autre monnayeurs à la Monnaie de Romans, en 1458 (note 1, p. 430, t. 1er). — Claude de Dril, fut également nommé monnayeur à Romans, le 26 novembre 1482.

[3] Jean de Chissé figure comme noble à La Roche-de-Glun, en 1448, et à Mercurol, en 1451 (B 2738, f° 234 et B 2765).

[4] La châtellenie de La Roche-de-Glun avait été concédée, le 15 juillet 1471, par le roi Louis XI, à Guillaume Gouffier, seig. de Boissy, mais les lettres royales ne furent enregistrées au Parlement de Grenoble que le 10 mars 1472 (acte n° 1553).

[5] Guillaume Pasquet avait été nommé châtelain de Quirieu et de la Balme, par lettres du 15 septembre 1457.

annuelle de 6 deniers et à charge de réparer et d'entretenir la susdite maison, pour que la Cour puisse s'y tenir décemment.

MENTION. *Inv. des titres de la Chambre des comptes, Viennois*, t. 4, f° 142.

2175 *5 février 1472.*

Lettres par lesquelles le gouverneur nomme à l'office de clavaire [1] de Saint-Paul-Trois-Châteaux, noble Jean d'Eurre.

MENTION. *Inv. des titres de la Chambre des comptes, Valentinois*, t. 4, f° 2099[2].

2176 *Grenoble, 25 et 26 avril 1472.*

Lettres du gouverneur, prises à la relation de la Cour, mandant aux châtelains delphinaux et seigneurs hauts justiciers, de faire péréquer entre les hommes de leurs châtellenies et seigneuries respectives le montant de la rate qui leur était assignée du subside, voté par les gens des Trois-Etats assemblés à Grenoble, au mois de février dernier, et accordé au roi-dauphin pour les nécessités de la patrie, et leur prescrivant d'en verser le montant entre les mains du trésorier général, avant la fête de l'Assomption de la Vierge, au mois d'août prochain.

COPIES. B 2754, f°s 121, v° et 169.

2177 *Grenoble, 27 avril 1472.*

Lettres du gouverneur, prises à la relation de la Cour, par lesquelles, après avoir relaté, qu'à la demande des gens des Trois-Etats, il avait décidé qu'une révision générale des feux serait effectuée incessamment, il mande, aux châtelain et notaire de la Cour de justice de chaque châtellenie du Dauphiné, de se transporter au principal lieu de leur châtellenie ou paroisse, là où l'on tenait la Cour de justice, d'y

---

[1] Le clavaire, *Clavarius*, était un officier, qui dans certaines localités possédées par le clergé, remplissait des fonctions identiques à celle des châtelains. Son nom lui venait de ce qu'au nombre de ses attributions, il avait la garde des clefs de la ville. On trouve des clavaires à Gap, Embrun, Montélimar et Saint Paul-Trois-Châteaux.

[2] Le même inventaire relate également les provisions de clavaire de la même ville, données par le gouverneur à noble Antoine de Grillon, le 11 mars 1479, et à Jean Fornier, le 28 février 1492.

faire venir le curé et 3 ou 4 habitants, des plus notables, qui, après avoir prêté serment, entre leurs mains et sous peine de 50 fr. d'amende, de dire la vérité, révèleraient tous les habitants des dites paroisses, faisant « *caput domus* », tant solvables que misérables, en inscrivant à part les ecclésiastiques et nobles vivant noblement ; d'en dresser un état détaillé; de se faire remettre copie des rôles des subsides péréqués durant les deux dernières années ; d'y mentionner les habitants qui étaient morts sans héritiers ou avaient quitté le pays, ainsi que ceux qui étaient venus y demeurer depuis ; enfin, d'envoyer leur enquête scellée, avec la copie des susdits rôles à la Chambre des comptes, dans le délai de quinze jours à dater de la réception des présentes lettres[1].

COPIES, B 2754, f° 15 et B 2776.

2178 *Grenoble, 24 octobre 1472.*

Hommage prêté au roi-dauphin par noble Pierre Marc, tant en son nom qu'en celui de noble Marie Clément[2], son épouse, pour la maison forte de la Véhérie de Bernin, au mandement de Montbonnot, ainsi que pour l'office de véhier[3] et les droits qui y étaient attachés.

MENTION. *J.-J.-A. Pilot de Thorey : Les maisons fortes du Dauphiné*, p. 63.

---

[1] Voir sur le même objet les actes n°s 2070 et 2096.

[2] Marie Clément avait hérité de la véhérie de Bernin, de son père noble Guillaume Clément, doct. en droit, qui lui-même l'avait acquise des héritiers de Louis d'Arces, au prix de 375 fl. d'or, par acte du 9 avril 1457. Pierre-Jean-Antoine Marc, petit-fils de Pierre Marc, ainsi que ses sœurs Claudine et Louise Marc, vendirent, dans la suite, la même maison forte à Guy de Ventes, chanoine de Saint-André de Grenoble, le 15 sept. 1527, pour le prix de 600 l. t.

[3] Le véhier, *vicarius*, *veherius*, était une officier subalterne, chargé de la perception de certaines redevances et plus particulièrement des bans et amendes de justice ; il parait avoir eu, dans les terres seigneuriales les mêmes attributions que les mistraux avaient dans les terres delphinales. Les offices de véhiers, furent, comme ceux de mistraux, inféodés de très bonne heure. On appelait véhérie soit la circonscription territoriale sur laquelle le véhier étendait son action, soit la maison forte qu'il habitait. On trouve des véhiers et véhéries, notamment à Domène, Crolles, Bernin, Moirans, Peyrins, Chabeuil, Saint Donat, Romans et Grenoble où l'on en comptait trois.— Voir sur les offices de véhiers : Valbonnais, *Hist. de Dauphiné*, t. 1er, p. 113.

2179 *(Grenoble), 10 novembre 1472.*

Ordonnance du gouverneur, rendue à la requête de François Portier [1], procureur des Trois-Etats du Dauphiné, fixant à 8 gros pour le châtelain et 6 gros pour le notaire de chaque châtellenie, la somme à laquelle ils pourront prétendre pour chaque jour où ils vaqueront à la perception des tailles levées dans leur châtellenie [2].

COPIE. B 3232, f° 2.

2180 *La Côte-Saint-André, 8 avril 1473.*

Lettres du gouverneur constatant l'hommage prêté, entre ses mains, au roi-dauphin, par Annequin Alleman, au nom d'Aimar Alleman [3], son père, seigneur d'Eclose, pour les seigneurie et juridiction de Rochechinard.

COPIE. B 2977, f° 455, v°.

---

[1] Voir, sur François Portier, qui était déjà procureur des Trois-Etats, en 1444, la note 1, p. 83, t. 1. Il dut mourir peu après 1472, car son frère Jean Portier, figure seul parmi les nobles habitants à Grenoble, en 1475 (B 2771).

[2] Tous les frais afférents à la levée d'une taille quelconque étaient à la charge des communautés et péréqués comme accessoires du principal de cette taille. Ces frais, comme on le conçoit, n'avaient rien de fixe et variaient de communauté à communauté. Le plus ordinairement cependant ils comprenaient : les vacations dues au châtelain, pour surveillance, et au notaire ou greffier, pour rédaction et copies du rôle, le salaire du crieur pour les convocations, les honoraires et dépenses des prudhommes élus comme taillateurs ou péréquateurs, et enfin, les frais de perception. Le plus souvent la perception des quotes dues par chaque imposé était donnée aux enchères publiques.

En 1451, pour la levée dans la communauté de Saint-Antoine, d'une rate de 232 florins 6 gros, la parcelle des frais, qui atteignaient 20 florins 18 gros, est ainsi libellée : « *pro dictis seu laboribus supra nominatorum qui perequaverunt talliam, pro* « *qualibet 2 grossi, sic est unus florenus; — pro expensis factis periquando talliam* « *per dictos seu perequatores, per vicecastellanum, per duos sindicos et per me notarium,* « *duo flor.; — pro labore vicecastellani, 18 grossos : — pro laboribus per me nota-* « *rium habitis perequando talliam et tres parcellos de perequatione facienda unus fl.; —* « *pro exigendo seu recuperando talliam Laurentius Prebeti debet sibi retinere et habere* « *16 fl., pro quibus fuit sibi ad inquantum publicum ad dictam summam librata.* » (B 2764).

[3] Sur Aimar Alleman, voir la note 2, p. 14 t. 1er.

2181 *27 avril 1473.*

Hommage prêté au roi-dauphin par Louis Justas, pour la seigneurie de Reilhanette.

MENTION. *Inv. des titres de la Chambre des comptes, Baronnies*, t. 2, n° 1862.

2182 *mai 1473.*

Hommage prêté au roi-dauphin par Jean Joguet,[1] abbé de Saint-Antoine, en Viennois.

MENTION. *Inv. des titres de la Chambre des comptes, Saint-Marcellin*, t. 4, f° 83.

2183 *Grenoble, 28 juin 1473.*

Arrêt du Parlement de Grenoble, maintenant l'évêque de Gap, dans la possession de la juridiction de la paroisse de La Fare.

MENTION. *Inv. des titres de la Chambre des comptes, Graisivaudan*, t. 2, f° 206.

2184 *Grenoble, 15 juillet 1473.*

Lettres de Louis, seigneur de Crussol et de Florensac, conseiller et chambellan du roi, gouverneur du Dauphiné, adressées au châtelain de Beauvoir-en-Royans, par lesquelles, — statuant sur une demande présentée par les abbesse et religieuses du monastère de Saint-Just en-Royans, après avoir vu les informations prises, le 12 juin précédent, par les châtelain et notaire delphinaux de Beauvoir-en-Royans, et après avoir demandé l'avis des auditeurs des Comptes, — il déclare que les *placita limitata*, plaits dont le montant est expressément stipulé, doivent être payés *per modum et ad rationem* déclarés dans les reconnaissances, et que quant aux plaits désignés sous le nom de *placita censuata*, ils doivent être payés par chaque emphytéote, à raison de 4 sous de bonne monnaie par chaque setier de froment de cens reconnu, 3 sous par setier de seigle, 2 sous par setier d'avoine, et pour les deniers censuels, autant de plait que de cens annuel, et cela à chaque mutation de seigneur dauphin et de possesseur ; et en conséquence, il mande de laisser jouir

---

[1] Jean Joguet, ambassadeur du roi Louis XI, auprès de la Cour de Rome, élu abbé, le 25 août 1471, mort aux Loyes, près de Saint-Antoine, le 15 octobre 1482.

paisiblement les susdites religieuses du contenu des présentes lettres.

Copie. B 2977, f° 456.

2185 *Grenoble, 19 août 1473.*

Lettres du gouverneur confirmant les nominations de monnayeurs faites le 15 du même mois, par Gui de Poisieu [1], archevêque de Vienne, en faveur de Pierre Petit-Jean, de Vienne, et de Jean, fils de Gonet Pelisson, marchand de Bourgoin [2].

Copies. B 2826, f° 139 et 140.

2186 *20 septembre 1473.*

Lettres par lesquelles le gouverneur, à la relation du Parlement, concède à Chaffrey Chapel, canonnier du roi-dauphin, à Barthélemy Levet, fils de Jacques, et à Pierre Baudoin, associés et habitants de Château-Dauphin, l'autorisation d'exploiter les mines de cette localité qui étaient vacantes depuis plus de cent ans.

Copie. Titres de la Chambre des comptes, *Mines et monnaies.*

---

[1] Voir, sur Gui de Poisieu, la note 1, p. 127, t. 2.

[2] Ainsi que nous l'avons déjà indiqué dans la note 2, p. 426, t. 1er, certains prélats du Dauphiné, et entre autres ceux de Vienne et de Grenoble, en souvenir de ce que leurs prédécesseurs avaient anciennement fait battre monnaie, conservèrent longtemps le droit de créer des ouvriers monnayeurs, lors de la prise de possession de leurs sièges et comme don de joyeuse venue. Ces nominations, cependant, pour être valables durant le cours du XVe siècle, devaient être confirmées par l'autorité delphinale et enregistrées au parlement de Grenoble. Outre les nominations, ainsi faites par les archevêques de Vienne, que nous avons déjà signalées (actes n° 1084 et 1992), nous relaterons encore que le gouverneur, par lettres du 21 mars 1474, ordonne que les commissions de monnayeurs accordées par le même archevêque, le 15 août 1473, à Pierre Petit-Jean et à Pierre Llacto, seraient validées et enregistrées (B 2826, f° 140, v°).

A Grenoble, à une époque où certainement il n'existait pas d'atelier monétaire, on voit cependant l'évêque cette ville, François de Conzy, par lettres du 9 janvier 1385, confirmer aux ouvriers de ses monnaies des privilèges qui leurs avaient été accordés par ses prédécesseurs, les 23 avril 1329 et 17 juillet 1353; et, le lendemain 10 janvier de la même année 1385, nommer Louis Rassat, ouvrier et fabricateur de sa monnaie. (*Inv. des titres de l'Evêché de Grenoble, rédigé en 1789,* nos 2674, 2676 et 2677.

2187 *27 janvier 1474.*

Hommage prêté au roi-dauphin par noble André Rambaud, fils et héritier de Galis Rambaud [1], pour sa part de la seigneurie de Montgardin.

Mention. *Inv. des titres de la Chambre des comptes, Embrunais.*

2188 *Grenoble, 16 février 1474.*

Lettres de Louis, seigneur de Saint-Priest, commis à l'administration du Dauphiné, prises à la relation de la Cour, par lesquelles, — après avoir relaté qu'il venait d'apprendre le décès de Jean Montespedon, dit Houaste, bailli de Rouen, seigneur de Beauvoir-de-Marc et capitaine de Baix au royaume, ainsi que celui de Thomas Lescuier, capitaine et châtelain de Serres, en Gapençais, et de Saint-Etienne-de-Saint-Geoirs, en Viennois, — il mande à noble Etienne de Beaupont, procureur général fiscal, et à Jean Poitiers, clerc des Comptes, de réduire sous la main du roi-dauphin les susdites terres de Beauvoir-de-Marc, Baix au royaume, Serres et Saint-Etienne-de-Saint-Geoirs [2].

Copie. B 2982, f° 201, v°.

2189 *Grenoble, 26 avril 1474.*

Lettres du gouverneur, prises à la relation de la Cour et adressées à noble et puissant Charles de Grolée, chevalier, seigneur de Château-

---

[1] Galis Rambaud, coseigneur de Montgardin, qui vivait encore en 1472, possédait aussi des biens à Chorges, au mand. de Faudon, et à Saint-Léger-en Champsaur (B 2746, 1469, 2771). On trouve également : noble Antoine Rambaud, à Chorges, en 1457 (B 2746) ; noble Drevon-Rambaud, à Orcières, en 1472 (B. 2771) ; maître Sadou Rambaud, à Embrun, en 1457 (B 2750).

[2] Contrairement à ce que l'on avait rapporté au gouverneur, ni l'un ni l'autre des personnages, visés dans les susdites lettres, n'étaient décédés. Thomas Ecuyer, ou Lescuier en effet, ne dut mourir qu'au commencement de l'année 1476, car de nouvelles lettres du gouverneur, données à Grenoble, le 20 février 1476, commirent maître Antoine Moine, secrétaire delphinal et clerc des Comptes, pour procéder à la réunion au domaine des terres de Serres et de Saint-Etienne-de-Saint Geoirs, que détenait Thomas Ecuyer, chevalier, qui venait de mourir (B 2997, f° 258). Voyez sur ce personnage, les notes 1, p. 50, t. 1er ; 2, p. 54 et 3, p. 240 du t. 2.

Quant à Jean de Montespedon, dit Houaste, il vécut encore plusieurs années, car la terre de Beauvoir-de-Marc, ne fut réunie au domaine, après son décès, qu'en exécution de lettres du 15 septembre 1479. Voir, sur ce personnage, les notes 2, p. 254, t. 1er ; et 3, p. 276, t. 2.

vilain, ainsi qu'à maître Claude Rolland [1], notaire delphinal, par lesquelles, — après avoir exposé que plusieurs villes, châtellenies et mandements du Dauphiné, depuis la dernière révision des feux qui y avait été faite, étaient devenus si dépeuplés, tant à cause de l'infertilité des terres, et intempéries, que par suite de pestes, épidémies, mortalités ou émigration des habitants, que le nombre de leurs feux imposables ne pouvait plus payer la quotité qui leur était assignée dans les subsides delphinaux et autres charges du pays, si, par une nouvelle révision générale, les feux de la province n'étaient pas égalisés selon le nombre réel des bellues de chaque localité, ce que demandaient instamment les gens des Trois-Etats, — il leur mande et prescrit de se rendre dans les villes, cités, châteaux et mandements du bailliage ou judicature majeure du Graisivaudan, pour y dresser, avec l'assistance des châtelain, notaire et curé de chaque châtellenie et autres hommes probes, un nouvel état des feux [2].

Copie, B 2756, f° 5.

2190 *(4 mai) 1474.*

Lettres du gouverneur prescrivant à maître Jean Poitiers [3], secrétaire delphinal et clerc de la Chambre des comptes, ainsi qu'à maître

---

[1] Noble Claude Rolland, qui en 1472, habitait à Saint Siméon-de-Bressieux, devait être fils de noble Etienne Rolland, notaire à Bressieux, qui vivait en 1452 (B 2765). Il avait un frère, Antoine, qui était docteur en les deux droits, en 1472 (B 2769).

[2] Des lettres identiques et datées du même jour, 26 avril 1474, désignèrent deux commissaires pour procéder, à la même révision générale des feux, dans l'étendue de chaque circonscription judiciaire du Dauphiné. François de Beauvoir, seigneur de La Pallud et maître Guillermet Sourd, notaire, furent commis pour les comtés de Valentinois et de Diois (B 2758, f° 143) ; Aimon Alleman, seigneur de Revel, et maître Simon de La Grange, notaire de Romans, pour la judicature du Viennois et Terre-de-La-Tour (B 2755, f° 5). — Nous ajouterons que le seigneur de Revel, ayant été obligé de s'absenter de la province, pour le service du roi, fut remplacé, suivant lettres du 10 août 1474, par Jacques de Theys, seigneur de Sillans (B 2755, f° 7). — Au sujet de la même révision, nous relaterons aussi, que Gui de Poisieu, archevêque et comte de Vienne, par lettres données à Vienne le 12 mai 1474, prescrivit aux divers châtelains des églises paroissiales du bailliage du Viennois et Terre-de-La Tour, ainsi qu'à tous recteurs, curés et non curés, de prêter serment entre les mains des commissaires chargés de la révision, suivant les termes contenus dans leur commission (B 2755, f° 7, v°).

Voir sur le même objet les actes n°s 2056, 2070, 2096.

[3] Voir, sur Jean Poitiers, la note 2, p. 151, t. 1er

Pierre de l'Église, dit Forme, lieutenant du maître des œuvres delphinales, de procéder à la visite des places, châteaux, maisons et autres édifices delphinaux, pour y faire exécuter les réparations nécessaires [1].

Mention. B 2950, f° 267.

2191 *Ermenonville, 27 juin (1474).*

Lettre missive du roi-dauphin Louis, adressée à ses conseillers, les gens du Parlement du Dauphiné, par laquelle, — après avoir relaté que les gens des Trois-États du Dauphiné lui avaient fait remontrer que les greffiers et autres officiers du Parlement, contrairement à la constitution de cette Cour, exigeaient journellement outre la condamnation prononcée, la décime des mêmes condamnations qu'ils s'attribuaient personnellement [2]; et que, d'autre part, les membres du Parlement s'efforçaient de faire imposer diverses sommes « qui sont toutes choses nouvelles », — il leur mande de donner provision, sur le tout, sans cependant innover quoi que ce soit, sans son consentement exprès.

Publiée, *Statuta delph.* édit. 1619, 1re partie, f° 109.

2192 *Grenoble, 8 octobre 1474.*

Lettres par lesquelles le Parlement, à la requête de l'avocat fiscal, ordonne de procéder à une enquête sur la demande que Jean d'Allemagne, au nom de Hans Muller, Bernard, son fils et Hans Ubagner, maîtres et facteurs de la grande compagnie d'Allemagne, joint à eux Théobald Darbel, maître apothicaire de Grenoble, avaient faite, pour qu'on leur concède l'exploitation des mines d'or, argent, sinople et autres métaux, à l'exception du fer et de l'acier, sous les mêmes con-

---

[1] Des rapports faits par les susdits commissaires, de 1474 à 1480, il résulte que tous les édifices delphinaux tombaient en ruines. Voir sur le même sujet l'acte n° 2136.

[2] En 1469, Soffrey Alleman, lieutenant général du gouverneur du Dauphiné, à la suite de nombreuses plaintes portées contre « *les greffiers des cours, clavaires,* « *sergents, exacteurs de décimes et autres qui faisaient plusieurs mangeries, exactions* « *indues, vexations, travaux et submissions, contre la teneur des libertés delphinales.* » avait déjà réglementé les frais de poursuites et d'exactions contre les débiteurs, le recouvrement des clames, décimes, le salaire des sergents et collecteurs des tailles, etc. (*Stat. delph.*, éd. 1619, f° 115, v°).

ditions, libertés et franchises que celles qui leur avaient été accordées dans le Duché de Savoie.

MENTION. B 3232, f° 227.

2193 *Grenoble, 12 novembre 1474.*

Lettres du gouverneur par lesquelles, en vertu du pouvoir que lui avait concédé le roi-dauphin, il nomme et crée Chrétien Han dit Mathon[1], de Grenoble, notaire public, tabellion et secrétaire par l'autorité delphinale, avec droit aux honneurs, prérogatives, et prééminences attachés à cet office.

COPIE. B 2948, f° 265.

2194 *5 avril 1475.*

Hommage prêté au roi-dauphin, entre les mains du gouverneur, par le curateur des enfants de Pierre Ainard de Bardonèche, pour tous les biens que ces derniers possédaient à Bardonèche et à Mentoulle.

MENTION. *Inv. des titres de la Chambre des comptes, Briançonnais.*

2195 *Grenoble, 14 avril 1475.*

Lettres du gouverneur, faisant défense expresse d'exporter le billon hors du Dauphiné, sous peine, contre les contrevenants de confiscation du billon trouvé en leur possession et d'une amende de 100 marcs d'argent; et, en outre, accordant aux dénonciateurs, comme rémunération, le tiers du billon confisqué.

COPIE. B 2826, f° 142.

2196 *Paris, 20 avril 1475.*

Lettres des généraux maîtres des Monnaies du Roi, adressées aux auditeurs des Comptes du Dauphiné, par lesquelles, -- après avoir relaté qu'ils avaient appris que la Monnaie de Crémieu était en

---

[1] Chrétien Han dit Mathon, fils de Jean, succéda ensuite comme huissier de la Chambre des comptes, à son père Jean, qui mourut le 10 avril 1480 (*Obituaire de Saint-André*). Voir sur la famille Han ou Ham dit Mathon, la note 2, p. 472, t. Ier.

chômage par manque d'officiers et de maître particulier, « par quoy « toute la matière d'or et d'argent des mectes de la dicte monnoye « s'est transportée et convertie es monnoyes estranges », — ils commettent, par provision, aux offices de gardes de cette Monnaie Jean Martin, seigneur de Disimieu, et Antoine de Molesmes, et leur donnent pouvoir et autorité de pourvoir aux charges vacantes de tailleur, essayeur, contre-garde et maître particulier[1].

COPIE. B 2826, f° 152.

2197 *Grenoble, 11 mai 1475*

Ordonnance par laquelle le Parlement du Dauphiné fait défense aux vibaillis et juges ordinaires, conformément au Statut delphinal, d'autoriser les greffiers à recouvrer des états de frais avant de les avoir préalablement vus et visés, faute de quoi, il déclare les dits états nuls et de nulle valeur, *ipso facto*.

PUBLIÉE. *Stat. Delph.* éd. 1619, f° 127, v°.

2198 *10 juillet 1475.*

Lettres du roi-dauphin Louis (XI) autorisant l'exécution d'une bulle du pape Sixte IV, en date du 3 des calendes de février (30 janv.) 1473, portant union de la sacristie de l'église collégiale de St-André de Grenoble au premier canonicat qui deviendrait vacant.

MENTION. B 2025, f° 40.

2199 *Grenoble, 11 juillet 1475*

Lettres de Jean de Daillon, seigneur de Lude, gouverneur du Dauphiné[2], par lesquelles, à la demande des gens des Trois-Etats et afin

---

[1] Le gouverneur du Dauphiné, par lettres, données à Grenoble, le 26 mai suivant, manda à Jean Martin et à Antoine de Molesmes, ainsi qu'à Gabriel *Torcularis*, prévôt de la Monnaie de Crémieu, de rechercher un maître particulier pour diriger cette Monnaie, qui depuis longtemps chômait, faute d'officiers. (B 2826, f° 152).

[2] A propos de ce gouverneur, nous croyons devoir reproduire les passages suivants, relatifs à son entrée dans la ville de Grenoble et à sa prise de possession du gouvernement du Dauphiné :

« Deinde die martis xxvta mensis aprilis M° IIIIc LXXV, dictus dominus du Lude,

de faciliter les transactions commerciales, il réglemente le cours des monnaies qui circulaient en Dauphiné. Le gros, monnaie royale ou delphinale, vaudra un gros et quart petite monnaie étrangère, et 9 patats, petite monnaie, vaudront un gros, monnaie royale ou delph.; le florin vaudra 13 gros et demi, petite monnaie; le sou tournois, vaudra 4 liards et demi, petite monnaie, ou 27 petits deniers; le franc ou livre tournois, équivalent à 20 sous tournois ou 16 gros, vaudra 18 gros, de petite monnaie; enfin, les parpailloles royales vaudront chacune 11 d. t., et 15 des susdits deniers vaudront 9 patats de petite monnaie.

COPIES. B 2826 et B 2961, f° 369.

2200 *Grenoble, 25 janvier 1476.*

Lettres du gouverneur, par lesquelles, — après avoir exposé que le prix du blé augmentait en Dauphiné à raison de la grande quantité que l'on en exportait, depuis quelque temps,— il mande au vibailli de de la cour majeure du Graisivaudan de faire défense à qui que ce soit de transporter des grains hors du Dauphiné, et d'enjoindre aux châte-

---

« gubernator dicti Dalphinatus, veniens de comitatu Rossillionis, quem ex integro « potentia armorum subjugaverat et ad obediencium serenissimi domini nostri « regis Francorum reduxerat, presentem civitatem Graciano polis intravit, cui ive- « runt obviam R. D. Sybondus episcopus Gracianopolis, domini de Parlamento et « Camere, consules et cuncti cives, qui noluit aliquas solempnitates sibi per civita- « tem fieri; verum tamen omnes cruces et omnia collegia dicte civitatis venerunt « obviam et usque ad portam Perrerie, ubi fuit receptus sicut decet; deinde tran- « sivit per ruam Calnesiam et ivit ad majorem ecclesiam cathedralem, ubi in intro- « hitu cimeterii fuit per dictum dominum episcopum receptus, et obsculatus est « crucem, deinde ecclesiam intravit et subsequenter accessit ad domum suam. »

« Die vere jovis xxviia dicti mensis aprilis fuit tenuta audiencia in qua sedit « dictus dominus gubernator, in una sede alta et elevata, possessionemque corpo- « ralem dicti regiminis adhepitus fuit, ubi requisitus per dominum Johannem « Moteti, legum doctorem, procuratorem Trium Statuum dicte patrie, de jurandis « et observandis libertatibus generalibus dicte patrie, more suorum predecessorum, « libertates ipsas servare juravit in manibus prefati reverendi domini episcopi Gra- « cianopolis, ibidem prope eum a parte dextra sedentis. Quo juramento prestito « fuit per eum tenuta audiencia et complurime facte ordinationes. » (B 3232, f° 49 v° et 50).

— Voir, sur le même gouverneur, les notes 2, p. 36, t. 1er, et 1, p. 200, t. 2.

lains des localités frontières de veiller à la stricte exécution de cette mesure, sous peine d'être privés de leurs offices[1].

Copie. B 2961, f° 371.

2201 *24 avril 1476.*

Hommage prêté au roi dauphin par Antoine de Naveisse, comme tuteur d'Aubert et de Claude, fils de feu Michel de Naveisse, pour la terre de Névache.

Mention. *Inv. des titres de la Chambre des comptes, Briançonnais.*

2202 *Grenoble, 29 avril 1476.*

Lettres par lesquelles le gouverneur, en exécution des ordres du roi-dauphin, ordonne qu'à l'avenir toutes les sentences de justice, prononcées contre les faux-monnayeurs, seront rigoureusement exécutées, nonobstant toutes lettres de grâce que les coupables pourraient obtenir, soit du roi, soit du gouverneur; ordonne, également, qu'aucuns brefs, bulles ou lettres apostoliques ne pourront être exécutés, en Dauphiné, qu'après avoir été, préalablement, présentés et vérifiés en la cour du Parlement, et avoir obtenu « le placet » du roi.

Copies. B 3232, f° 71.

2203 *8 juillet 1476.*

Hommage prêté au roi-dauphin par Jacques de Montbel, seigneur d'Entremont[2], pour la part qu'il possédait de la paroisse de Chartreuse, au mandement de Cornillon.

Mention. *Inv. des titres de la Chambre des comptes, Graisivaudan*, t. 3, f° 1288, v°.

2204 *Grenoble, 8 août 1476.*

Ordonnance du Parlement du Dauphiné statuant : 1° que les monnayeurs qui n'exerçaient point leurs offices, ainsi que tous ceux qui se prétendaient affranchis, tels que les juges, procureurs, secrétaires, notaires, scelleurs, célériers, bâtonniers, manilliers de l'église de Romans, laïcs non nobles ou ne vivant pas noblement, devaient con-

---

[1] La prohibition mise sur l'exportation des grains, hors du Dauphiné, avait été levée le 30 mars 1465, par le lieutenant général Soffrey Alleman (acte n° 2138).

[2] Sur Jacques de Montbel, voir les notes 4, p. 289, t. 1er, et 3, p. 250, t. 2.

tribuer aux subsides votés, en faveur du roi-dauphin, par les gens des Trois-Etats, et être inscrits sur les rôles de la révision des feux qui se faisait actuellement ; 2° que les monnayeurs de Romans et autres, qui étaient en procès, devant la Cour du Parlement, pour obtenir leur exemption, continueraient, par mesure transitoire, à contribuer aux subsides delphinaux, jusqu'à ce qu'il ait été statué sur leur réclamation, mais, sans toutefois que la présente décision puisse préjudicier en rien ni porter atteinte à l'issue de leur procès, ou aux privilèges et libertés des monnayeurs; 3° que le recteur de l'Université de Valence nommerait, dans le délai d'un mois, un bedeau, qui seul serait exempt des tailles delphinales ; 4° enfin, qu'Humbert de Vourey, d'Alixan, qui se prétendait bedeau de la dite Université, mais n'habitait point Valence, contribuerait aux impôts, comme tous les autres plébéiens.

Corie. B 2904, f° 423.

2205 *10 août 1476.*

Lettres concédant à Louis de Non, de Pignerol, et à Antoine Didier, de Grenoble, l'autorisation de rechercher et d'exploiter les mines d'or, argent, cuivre, étain, plomb, azur, situées dans l'étendue de la châtellenie de l'Oisans.

Mention. *Inv. des titres de la Chambre des comptes, Graisivaudan*, t. 6, f° 236.

2206 *Grenoble, 16 août 1476.*

Lettres du gouverneur, prises à la relation de la Cour, chargeant noble Geoffrey de l'Eglise, conseiller delphinal [1], de régler une difficulté qui s'était élevée entre les habitants des diverses paroisses du mandement de Briançon, au sujet de la répartition faite entre eux des subsides accordés au roi-dauphin. Les habitants des paroisses les plus pauvres, savoir du Mont-Genèvre, du Val-des-Prés et de Névache,

---

[1] Le même commissaire fut également, par lettres du 26 octobre 1476, chargé d'informer sur une réclamation des habitants de la paroisse de Saint-Chaffrey, en Briançonnais, qui se plaignaient de ce que dans la parcelle du subside delphinal, levé en 1474, et sur laquelle avait été basée la nouvelle révision de leurs feux, figuraient plusieurs personnes qui n'habitaient point cette paroisse, et que, d'autre part, plusieurs de ceux qui y habitaient alors, n'existaient plus (B 2776).

demandaient que ceux des paroisses plus aisées du Monestier-de-Briançon, Le Villard-de-Briançon, Briançon, La Salle et Saint-Chaffrey supportent une partie de leurs charges.

ORIGINAL. B 2776.

2207 *décembre 1476.*

Ordonnance du Parlement de Grenoble enjoignant à tous ceux qui avaient acquis des cens, rentes, fiefs, arrière-fiefs ou autres revenus nobles, mouvant du fief du roi dauphin, d'avoir à apporter à la Chambre des comptes, dans la huitaine, les quittances de leurs acquisitions; et aux notaires de produire, dans le même délai, une expédition de tous les actes qu'ils auraient reçus, concernant les mêmes fiefs, rentes, cens, etc.; et ce sous peine pour les intéressés de voir leurs acquisitions réduites sous la main delphinale et réunies au Domaine, et, en outre, d'être punis d'une amende de 50 marcs d'argent, et pour les notaires d'être privés de leurs charges et d'encourir également une amende de 50 marcs [1].

COPIE. B 2905, f° 115.

2208 *24 février 1477.*

Hommage prêté au roi dauphin par Jacques de Clermont, seigneur de Vaulserre [1], Antoine de Clermont [2], seigneur de Crollard, et Pierre de Clermont, bâtard de Jacques de Clermont, pour les châtellenies et terres de Clermont en Trièves et de Virieu.

MENTION. *Inv. des titres de la Chambre des comptes, Graisivaudan*, t. 7, f° 394, v°, et *Viennois*, t. 5, f° 574, v°.

2209 *29 mars 1477.*

Commission donnée par le gouverneur, pour faire assigner devant le Parlement de Grenoble ceux qui refusaient de payer à Anselme

---

[1] Cette ordonnance fut publiée à Grenoble, le 14 décembre 1476, par Chrétien Han dit Mathon, notaire et secrétaire delphinal.

[1] Jacques de Clermont, écuyer, seig. de Vaulserre, était fils de Charles de Clermont, seig. de Vaulserre et d'Hautefort, et de Louise de Salins, dame de Poupet. Il se maria avec Jeanne, fille de Charles de Poitiers, seig. de Saint-Vallier, et d'Anne de Montlaur.

[2] Antoine de Clermont, avait déjà prêté hommage, sauf, pour les susdites châtellenies, entre les mains du gouverneur, le 19 mai 1476. (*Inv. des titres de la Chambre des comptes, Graisivaudan*, t. 7, f° 394, v°).

de Miolans[1], seigneur d'Ornacieux, les droits de Péage énoncés dans les lettres patentes qu'il avait obtenues à ce sujet, du roi-dauphin Louis (XI).

Mention, insérée dans un arrêt du Conseil d'Etat, du 3 janv. 1736, portant suppression des droits de péage perçus à Ornacieux, Penol et Marcilloles, par le seig. de ces localités (Bur. des Finances, Péages).

2210 *Grenoble, 26 mai 1477.*

Lettres du gouverneur commettant noble François Boterin[2], secrétaire delphinal et contrôleur des émoluments du sceau du Parlement du Dauphiné, pour exiger et recouvrer la cinquième partie du revenu de chaque châtellenie delphinale, que le roi-dauphin avait accordée, pour l'employer aux réparations des châteaux et au renouvellement des reconnaissances[3].

Copie. B 3232, f° 289.

---

[1] Voir, sur Anselme de Miolans, la note 3, p. 318, t. Ier.

[2] François Boterin, le 5 mars 1476, avait été nommé exacteur des exploits de la Cour mage des appellations et nullités du Dauphiné, aux gages accoutumés (B 3232 f° 51, v°). En 1480, il était contrôleur du sceau du Parl. du Dauphiné (*id.*, f° 53).

[3] Voir, à ce sujet, les ordonnances des 13 juillet 1470 et 16 mai 1479 (actes n°s 2164 et 1730). — L'exécution des mesures prescrites par le roi, pour les réparations à faire aux châteaux, qui pour la plupart tombaient en ruines, ne put s'effectuer sans de nombreuses difficultés; elle souleva surtout, de violentes protestations de la part des seigneurs, auxquels le roi avait concédé la jouissance des terres domaniales. Les deux lettres missives, adressées aux membres du Parlement, que nous allons reproduire, en fournissent suffisamment la preuve; la première est écrite par le comte de Comminges, gouverneur du Dauphiné, la seconde par Louis, bâtard de Bourbon, amiral de France.

« Très chiers et grans amys, le seigneur de Lorgery m'a escript la difficulté que « fectez de luy délivrer ce que lui est deu de la chastellenie de La Buiscière, disant « que j'ay fait aucunes ordonnances que partie des revenues des places du Daulphiné « soient mises à la réparacion d'icelles. Vous scavez que le Roy m'a mandé que je « luy face payer et délivrer, et pour ce mandez au trésorier ou chastellain, que « pour ceste foys, lui paye et délivre tout ce que lui est deu, nonobstant les dictes « ordonnances sur ce fectes. Si gardez qu'il n'y ait faulte, car il fault que hastive- « ment il s'en retourne devers le Roy. Et au surplus, je vous envoie le double d'une « lettre que le Roy m'a présentement envoyée....... Escript à Vienne, le XIe jour « de janvier. (B 3232, f° 29).

« Messeigneurs, je me recomande à vous tant de bon cueur comme je puis. J'ay « esté adverty que tormentez mes officiers de par de là, sur le fait de je ne scay

2211 *Grenoble, 25 juin 1477.*

Lettres du gouverneur par lesquelles, — après avoir exposé que les gens des Trois-Etats, assemblés à Grenoble, au mois de mai précédent, s'étaient plaints de ce que l'on avait remarqué, lors de la péréquation du dernier subside voté, que dans plusieurs localités le nombre exact des bellues avait été dissimulé, alors que dans d'autres il avait, au contraire, été augmenté, d'où il résultait que de nombreux habitants se trouvaient gravement lésés, — il commet maître Baudoin Meurin, auditeur des Comptes delphinaux, pour procéder à une nouvelle révision des feux dans la judicature mage du comté d'Embrun.

ORIGINAL. B 2776.

2212 *Grenoble, 15 juillet 1477.*

Lettres du gouverneur par lesquelles il renouvelle pour une durée de vingt ans, en faveur de nobles Hugues Coct, auditeur de la Chambre des comptes, Paul Coct, son frère, fils et héritiers de Claude Coct, jadis trésorier du Dauphiné, François Mottet dit de Leymare,

---

« quels ouvrages ou réparacions que les voulez contraindre faire faire, à vostre « appetit, aux places qu'il a pleu au Roy me baillier. Vous seavez ce que le Roy au- « tresfois en a rescript; je suis assez souffisant, sans vous, de les entretenir en répa- « racion, ainsi qu'elles estoient lors qu'il me les bailla, ainsi que son bon plaisir est « de le m'avoir commander. Pour ce, Messeigneurs, je vous prie que ne m'en pré- « cipitez plus ne moy ne mes officiers, et ne m'en donnez plus de paine, autrement « je n'en seroye pas content, et n'en sauroye point de gré à ceux qui le feroient. Et « à Dieu, Messeigneurs, qui vous doint ce que désirez.

« Escript à Honfleur, le 11e jour d'aoust.

« Le tout vostre,

« L'Amiral ». (B 3232, f° 112, v°).

Relatons encore, l'injonction que fit, le 12 octobre 1471, noble Pierre Odebert, auditeur des Comptes, à Raimon Jean, capitaine châtelain de Saint-Nazaire-en-Royans, d'avoir à employer la 3e partie des revenus de cette dernière terre aux réparations du château prescrites par le vimaitre des œuvres (voir la note 2, p. 43 du t. 2); et l'ordre donné, le 28 mars 1483, par le gouverneur d'arrêter et de détenir en prison Pierre de Mons, capitaine châtelain de Pariset, André de Mons, son lieutenant, jusqu'à ce qu'ils aient intégralement payé la somme de 20 l. t., due au prix facteur des réparations faites au château de Pariset (B 3003, f° 93).

Pierre Vallier, Claude de Pellafol dit Garron, Dominique d'Alphas et Michel Grivel, tous associés, l'autorisation que, par ses lettres du 10 mars 1464 n. s., le roi dauphin Louis leur avait concédée d'exploiter les mines de fer qu'ils trouveraient dans les mandements de Vizille, Theys, La Pierre, Domène et Allevard, pour en fabriquer de l'acier, à charge de lui payer un gros de 15 deniers tournois, par charge composée de 4 ballons. Les mêmes lettres exemptent, en outre, de tous subsides et tailles, pour une durée de 20 ans, les ouvriers étrangers qui viendraient travailler à ces mines, et fait défense à tous autres de rechercher et exploiter des mines dans l'étendue des mandements spécifiés ci-dessus, et ce, pendant toute la durée de la présente concession [1].

Copie, B 2958, f° 137.

2213 *Grenoble, 19 juillet 1477.*

Lettres du gouverneur nommant maître particulier de la Monnaie de Montélimar, Hugues Noir, de Valence [2], en remplacement de Guiot de La Colombière, décédé.

Copie. B 2826, f° 173, v°.

2214 *Grenoble, 14 novembre 1477.*

Ordonnance par laquelle les gens du Parlement du Dauphiné, — informés que les prisonniers détenus dans les prisons de Porte-Traine [1],

---

[1] Voir, sur le même sujet, les actes n°s 1388 et 2103. — La même concession fut renouvelée par le roi le 24 novembre 1478 (actes n° 1735).

Pierre Vallier, qualifié de *draperius*, se prétendait noble à Grenoble en 1475 (B 2771). La même année habitaient la même ville de Grenoble, Claude Vallier, notaire, et Antoine Vallier, avocat

Ant. Vallier, déclaré noble par lettres patentes du dauphin du 28 juillet 1455 (acte n° 1174).

Le même, greffier de la Cour des appellations, déclaré exempt par lettres du 17 juin 1467, et du 10 mars 1470 (note 2 accompagnant l'acte n° 2150).

[2] Hugues Noir n'ayant pu fournir caution, dans le délai déterminé, fut remplacé le 15 décembre 1478 par Jean Jouasse (acte n° 1996).

[1] Les prisons delphinales de Grenoble qui, primitivement, étaient situées à côté du palais delphinal, avaient été transférées dans la maison forte de la véhérie de Porte-Traine, après l'acquisition faite de cette maison, le 1er février 1419, à Henri Alleman, seigneur d'Allières. (Voir note 2 de l'acte n° 2062).

à Grenoble, manquaient le plus souvent de couches et autres choses les plus nécessaires, et qu'ils n'avaient personne pour transmettre leurs doléances à la justice, quand il s'en trouvait parmi eux qui étaient réduits à la plus profonde misère ou qui étaient atteints de graves maladies, — arrêtent, qu'à l'avenir, l'un des membres de la Cour visiterait chaque semaine les prisons et les prisonniers, pour s'informer de « leur état, affaires et nécessités » et en rendre compte à la Cour, qui y pourvoirait comme il convient.

Copie, B 3131, f° 71, v°.

2215 *Château du Lude, 25 décembre 1477.*

Lettres de Jean de Daillon, seigneur du Lude, gouverneur du Dauphiné, constatant l'hommage, prêté entre ses mains, au roi-dauphin, par Jacques Rivoire, écuyer, pour les château et seigneurie de Romagnieu, qui lui étaient advenus, après le décès de Berliat Rivoire [1], son neveu, en exécution d'une clause du testament de feu Louis Rivoire.

Enregistrées le 14 janvier 1478.

Copie, B 2967, f° 219.

2216 *Grenoble, 6 mars 1478.*

Lettres du gouverneur, adressées au sénéchal du Valentinois, par lesquelles, — à la sollicitation du procureur fiscal de la Cour majeure de Crest et des receveurs delphinaux des comtés de Valentinois et Diois, — il ordonne que les petits deniers, circulant actuellement en Dauphiné, auront cours pour un gros les trente.

Copie, B 2826, f° 175, v°.

Le dénûment des prisonniers enfermés dans les prisons delphinales devait être complet, car 72 ans plus tard, le 16 janvier 1550, Christophe Joubert, auditeur de la Chambre des comptes, chargé par le Parlement de dresser l'inventaire des meubles appartenant au roi qui se trouvaient dans les prisons de Porte-Traine, constatait qu'il n'y avait dans ces prisons d'autres meubles « *que six fers pour mectre aux pieds des prisonniers, deux mannotes de fer et deux cordes pour bailler la gehenne.* » B 3003, f° 428.

[1] Berliat Rivoire, seigneur de Romagnieu, fils d'autre Berliat Rivoire, était, en 1458, sous la tutelle de sa mère Marguerite de Montchenu (B 2767). A la même époque, vivaient : Sibond Rivoire, seig. de La Bâtie-Montgascon ; Amédée Rivoire, chevalier, seig. de Pressins, et son frère François (B 2741 et 2748).

2217 *27 mai 1418.*

Hommage prêté au roi-dauphin par Beneyton Ambroix, tant en son nom qu'en ceux de Gabriel et de Perceval Ambroix, ses frères, tous héritiers de Claude Ambroix, coseigneur de Bardonnèche.

MENTION. *Inv. des titres de la Chambre des comptes, Briançonnais.*

2218 *15 juin 1418.*

Hommage prêté au roi dauphin par Peyron de Lucerne, fils d'Huet, pour le fief de La Bâtie des-Vigneaux et portion de celui de La Tour du Villard-Saint-Pancrace, qu'il tenait de sa mère Catherine Baile.

MENTION. *Inv. des titres de la Chambre des comptes, Briançonnais.*

2219 *Grenoble, 6 août 1418.*

Lettres du gouverneur, prises à la relation de la Cour, par lesquelles, — à la suite de réclamations formulées par divers marchands de Lyon, Genève et Nantua, — il enjoint aux gabelleurs et péagers de Briançon de n'exiger, à l'avenir, des marchands qui fréquentaient les foires de cette ville, que la somme d'un franc, pour chaque banc d'une longueur de 2 toises; et ordonne, en outre, que, pour éviter toutes fraudes et discussions, les places assignées à chaque marchand, sous la halle de Briançon, pour la durée des foires, seraient tirées au sort, en présence du châtelain.

COPIE. B 2991, f° 46.

2220 *24 août 1418.*

Hommage prêté au roi-dauphin par Françoise Argoud, veuve de noble Joffrey Morard, au nom de Jeanne, sa fille, épouse de noble François de Theys [1], pour la maison forte de Boutières, au mandement de Morêtel, qui avait jadis appartenu à noble Lantelme Argoud.

MENTION. *Inv. des titres de la Chambre des comptes, Graisivaudan*, t. 5, f° 116.

---

[1] Joffrey Morard, et son gendre François de Theys, figurent déjà parmi les nobles du mand. de Morêtel, en 1357 (B 2749, f° 45). Nobles Jean Morard, dit Coche, et Pierre Morard, habitaient à Saint-Pierre-d'Allevard, le premier en 1357, et le second en 1358 (B 2747 et 2749).

2221 *Grenoble, 15 décembre 1478.*

Lettres du gouverneur, adressées au premier châtelain ou sergent, sur ce requis, par lesquelles, après avoir relaté que depuis quelque temps il ne circulait presque plus, en Dauphiné, que des oboles et des mailles, il mande de faire défense, au nom du roi-dauphin, aux maîtres particuliers, gardes et monnayeurs, sous formidables peines, de fabriquer, d'ici à deux ans et jusqu'à ce qu'il le leur ordonne expressément, oboles ou mailles, mais leur prescrivant de fabriquer seulement les autres monnaies.

Copie, B 2826, f° 179.

2222 *Grenoble, 17 décembre 1478.*

Lettres du gouverneur, prises à la relation de la Cour et adressées aux visénéchaux des comtés de Valentinois et Diois aux sièges de Montélimar et de Crest, par lesquelles, — après avoir relaté que certains marchands et sujets du Dauphiné, en violation des ordonnances royales qui prescrivaient à toutes les Monnaies de fabriquer des doubles tournois noirs et des petits deniers tournois, qui auraient cours pour 2 et 1 deniers tournois, refusaient néanmoins d'accepter ces monnaies pour leur valeur, — il leur ordonne de faire publier que nul n'ose refuser les susdites monnaies pour la valeur qui leur avait été assignée, sous peine contre les contrevenants d'une amende de 100 francs d'or.

Copie, B 2826, f° 178.

2223 *Grenoble, 4 janvier 1479.*

Hommage prêté au roi-dauphin entre les mains du lieutenant du gouverneur, par noble Léon Le Courtois, pour les vingtain des grains, tâches, juridiction, corvées et pulvérage des seigneuries de Valaurie et de Roussas, que lui avait vendus le gouverneur du Dauphiné, au prix de 200 écus d'or, après saisie contre Antoine bâtard d'Uzès, faute de paiement de pareille somme qu'il devait pour lods de l'acquisition qu'il avait faite des susdites terres de Valaurie et de Roussas, vendues en 1475, aux enchères publiques, après avoir été saisies contre Jean-Pierre de Brancas [1].

Analyse. *Inv. des titres de la Chambre des comptes, Baronnies*, t. 2, n° 1386.

---

[1] Sur les terres de Valaurie et de Roussas, qui, en 1447, étaient possédées par Pierre d'Uzès, voir l'acte n° 2114.

2224 *Grenoble, 25 janvier 1479.*

Lettres du gouverneur mandant au procureur fiscal de la Cour majeure du Graisivaudan de mettre Guélis Méheuze, doct. ... lois, maître des requêtes de l'hôtel du roi-dauphin, en possession de l'office de vibailli et juge de la susdite judicature, auquel l'avait nommé, le 8 mai 1478, le bailli du Bas-Pays du Dauphiné[1].

Copie. B 2961, f° 379, v°.

2225 *Plessis-du-Parc, 1er février 1479.*

Lettres du gouverneur, constatant l'hommage prêté, entre ses mains, au roi dauphin, par Louis Albaron, dit Alleman, pour les terres et seigneuries de Séchilienne et d'Oulles, mouvantes des fiefs delphinaux de Vizille et d'Oisans.

Copie. B 2958, f° 510.

2226 *4 février 1479.*

Hommage prêté au roi-dauphin par Pierre Flotte, fils d'Henri[2], pour sa part de la seigneurie de Jarjayes.

Mention. *Inv. des titres de la Chambre des comptes, Gapençais*, t. 1, f° 449.

2227 *Grenoble, 8 février 1479.*

Lettres du gouverneur confirmant en faveur de Garin Gauteret, docteur en les deux droits, l'office de vibailli et juge mage de la judicature du Viennois et Terre-de-La-Tour, auquel l'avait nommé Antoine de Montchenu[3], chevalier, bailli du Bas-Pays du Dauphiné; et mandant au procureur fiscal de la même judicature de mettre le dit Gauteret en possession de sa charge, avec défense à tous autres qui

---

[1] Guélis Méheuze, fut mis en possession de son office, le 4 février suivant, par François Aillond, procureur fiscal. Confirmé depuis dans les mêmes fonctions de vibailli, le 10 avril 1484, par le bailli Pierre de Chissé, il fut remplacé, le 5 mars 1488, par Pierre Galeys (B 2961, f° 378 et 400). Voir aussi, sur le même personnage, la note 1, p. 157, t. 1er.

[2] Pierre Flotte, damoiseau, possédait déjà en 1472, la coseigneurie de Jarjayes, acquise par son père Henri Flotte (B 2770).

[3] Voir, sur Antoine de Montchenu, la note 2, p. 448, t. 2.

auraient pu être nommés lieutenants du susdit bailli de s'ingérer dans les fonctions de cet office[1].

COPIE. B 2967, f° 253.

2228 — 12 février 1479.

Hommage prêté au roi-dauphin par Claude Fayolle, tant en son nom qu'en celui de son épouse, pour les château et seigneurie d'Orcinas.

MENTION. *Inv. des titres de la Chambre des comptes, Valentinois*, t. 3, f°s 531 et 1598.

2229 — 15 février 1479.

Hommage prêté au roi-dauphin par Reynier d'Eurre, coseigneur de Vinsobres[2] pour les châteaux, seigneuries et juridictions d'Audefrey et de Saint-Maurice aux Baronnies.

MENTION. *Inv. des titres de la Chambre des comptes, Valentinois*, t. 3, f° 1591, v°, *et Baronnies*, t. 2, n° 2269.

2230 — 24 mars 1479.

Hommage prêté au roi-dauphin par Bertrand Adhémar pour la seigneurie de Marsanne.

MENTION. *Inv. des titres de la Chambre des comptes, Valentinois*, t. 3, f° 1569, v°.

2231 — 3 avril 1479.

Hommage prêté au roi-dauphin par Etienne de Poisieu, bailli des Montagnes du Dauphiné, pour les châteaux et terres d'Hauterive, Les

---

[1] Garin Gauteret fut mis en possession de son office, le 11 février suivant, par maître Benoit Marcel, bachelier en les deux droits, procureur fiscal de la même judicature, au siége de Vienne (B 2967). — Il fut remplacé, le 25 juillet 1481, par Henri Gauteron.

[2] Vers le milieu du XV° siècle, la famille d'Eurre, comptait un grand nombre de membres; on trouve, en effet : Dalmon d'Eurre, coseig. de Venterol, en 1427 et 1445; Guillaume, Pierre et Raimond d'Eurre, frères, à Vinsobres en 1447; les héritiers de Jean d'Eurre, coseig. de Molans, en 1447; Antoine d'Eurre, coseigneur de Puy-Saint-Martin et de Portes, en 1447 et 1461; Claude et Aimar d'Eurre, coseig. d'Eurre et de Divajeu, en 1458; Jean d'Eurre, châtelain d'Alles, en 1461.

Côtes d'Arey, Pinet et Poisieu [1] en l'île de Crémieu, avec toute juridiction.

MOUTON. *Inv. des titres de la Chambre des comptes, Viennois*, t. 1, f° 554, t. 2, f° 381, et *Saint-Marcellin*, t. 1, f° 137, v°.

2232 *Grenoble, 8 mai 1479.*

Lettres du gouverneur, adressées au premier châtelain, sergent ou officier delphinal, sur ce requis, déclarant exempts de services militaires Hugues Coct et Guillaume Armuet, auditeurs en la Chambre des comptes, et ce attendu qu'ils sont continuellement employés dans la dite Chambre, et, qu'à raison de leurs fonctions, ils ont déjà été précédemment déclarés exempts de service dans les armées levées en Dauphiné; et mandant, en conséquence, de faire défense, tant au nom du roi-dauphin qu'au sien, au seigneur de Miolans et à ses officiers de les molester ou inquiéter à cette occasion [2].

CORR. B 2948, f° 503, v°.

2233 *29 octobre 1479.*

Hommage prêté au roi-dauphin par Guyzon de Bardonnenche, pour la quatrième partie du territoire de Beaular, qu'il possédait avec

---

[1] Voir, sur Etienne de Poisieu, la note 1, p. 83, t. 2.

[2] En exécution des précédentes lettres, Anselme, seigneur et baron de Miolans et Anjou, chevalier, conseiller et chambellan du roi, capitaine et lieutenant général au fait de la guerre, en Dauphiné, par une déclaration, donnée à La Guillotière, le 15 mai 1479, exempta Hugues Coct et Guillaume Armuet, de service militaire dans l'armée « *à présent et nouvellement faite du commandement du roi* »; les quitta de tous frais et dépens qu'ils seraient tenus de supporter s'ils n'étaient officiers et auditeurs; et enjoignit à ses lieutenants et commis qui recevaient les montres des nobles, de tenir les susnommés, à raison de leurs fonctions, quittes et exempts, et ce tant pour le présent que pour l'avenir (B 2948).

Noble Guill. Armuet, devait être le fils d'Antoine Armuet, marchand de Grenoble, et de Jeanne Coct, sœur de Claude Coct, qui fut trésorier du Dauphiné, et frère d'Antoine Armuet, prévôt de St-André de Grenoble, conseiller au parl. et m. des requêtes; Seig. de Bourepes, 1470 (II 681). — Il avait été nommé auditeur des Comptes et mourut le 30 mai 1494. (*Obituaire de St-André*)

Hugue Coct était fils de Claude Coct, trésorier général, et de Louise Chapuis. Il exploita aussi les mines de fer de Theys, Allevard, Vizille, que le roi avait concédées à son père (actes n° 1388-1735-2103).

Après la mort de son père, il géra la charge de trésorier du 17 août 1473 au 21 févr. suivant, (note 2, p. 418, t. 2).

les héritiers de Baudoin de Bardonneuche, ainsi que pour autres droits acquis de Joffrey de Bardonneuche.

Mention. *Inv. des titres de la Chamb. des comptes, Briançonnais.*

2234 *Grenoble, 3 décembre 1479.*

Lettres du gouverneur, commettant maître Antoine Moine, secrétaire delphinal et clerc des Comptes[1], pour réduire, sous la main du roi-dauphin, la terre d'Upaix, dont était capitaine et châtelain « Leo Tres Sepmaines » qui venait de mourir[2].

Copie. B 2991, f° 85.

2235 *7 mars 1480.*

Hommage prêté au roi-dauphin par Siboud de Virieu[3], seigneur de Faverges, comme administrateur des biens de François de Virieu-Beauvoir, son fils, héritier de François de Beauvoir[4], seigneur de La Palud, pour les châteaux, terres et seigneuries de La Palud, Villeneuve-de-Marc, Brezins et Varacieux.

Mention. *Inv. des titres de la Chambre des comptes, Viennois*, t. 1er, f° 5, v°.

2236 *17 juin 1480.*

Hommage prêté au roi-dauphin par Jean de Montchenu, seigneur de Ratières, pour les châteaux et seigneuries de Beausemblant et de Thodure, avec toute juridiction.

Mentions. *Inv. des titres de la Chambre des comptes, Saint-Marcellin*, t. 1er, f° 356, v°, et t. 4.

---

[1] Voir, sur Antoine Moine, la note 1, p. 129, t. 2.

[2] Le commissaire procéda à sa mission, dès le 7 décembre, contre Louis Bouquin, beau-frère de feu Léo ou Hélion Trois-Semaines, et chargea maître Guillaume Baile, notaire à Upaix, d'administrer provisoirement la châtellenie. Voir, sur le même sujet, les actes nos 1672 et 1766.

[3] Siboud de Virieu, fils d'autre Siboud de Virieu, seigneur de Faverges, et de Jeanne, fille de François de Roussillon, épousa successivement Catherine de Rivoire, puis en 1460, Antoinette de Beauvoir, fille de François de Beauvoir, seigneur de la Palud, qui laissa sa succession à son petit-fils François de Virieu, sous la condition qu'il prendrait le nom et les armes de Beauvoir. Siboud de Virieu testa en 1491 et vivait encore en 1494.

[4] Voir, sur François de Beauvoir, la note 1, p. 345 du t. 1er.

2237 *11 août 1480.*

Hommage prêté au roi-dauphin par Antoinette Peyrol[1], de Montélimar, pour les terres et seigneuries de Rochebaudin et de Félines, qu'elle avait acquises, le 17 mars précédent, au prix de 550 écus d'or, de Claude de Clermont, seigneur de Montoison.

MENTION. *Inv. des titres de la Chambre des comptes, Valentinois*, t. 4, f° 1930.

2238 *La Motte-de-Gry, 13 août 1480.*

Lettres du roi-dauphin Louis (XI), adressées aux gouverneur ou son lieutenant, gens du Parlement et des Comptes du Dauphiné et à François Boterin, receveur du quint denier, par lesquelles, — à la suite d'une supplique où Jacques Joffrey[2], écuyer, se plaignait que quoique dans les places de Saint-Marcellin, Voreppe, Vif et La Cluse, dont le roi lui avait donné les capitaineries, il ne se trouvât ni château ni forteresse, mais seulement des « maisons plates », les officiers delphinaux, avaient néanmoins voulu le contraindre à payer le 5e denier du revenu des dites places, — il ordonne et déclare qu'il entend que le suppliant et les susdites places demeurent quittes et déchargées du quint denier, lequel, en tant que de besoin, il donne par les présentes au dit Jacques Joffrey.

Enregistrées, le 11 janvier 1481.

COPIE. B 23, f° 17.

2239 *17 avril 1481.*

Hommage prêté au roi-dauphin par Charles d'Hostun, pour les château et seigneurie de La Baume-d'Hostun[3].

MENTION. *Inv. des titres de la Chambre des comptes, Saint-Marcellin*, t. 5, f° 170, v°.

---

[1] Antoinette Peyrol laissa pour héritiers deux fils, qu'elle eut de deux mariages successifs : Antoine de Marsanne et Hugues de Mons, qui prêtèrent à leur tour hommage au roi-dauphin, le 27 juillet 1484.

[2] Jacques Joffrey, écuyer d'écurie du roi Louis XI, et fils d'Antoine Joffrey, seigneur de Verna, près de Crémieu, avait été nommé capitaine et châtelain de Saint-Marcellin, Voreppe, Vif et La Cluse, par lettres du 22 juillet 1477. (Actes nos 1688 et 1689).

[3] Charles d'Hostun était le fils de Jean d'Hostun, qui en 1446, était seigneur de La Baume-d'Hostun, et coseig. de Saint-Nazaire-en-Royans (B 2738, 192), et

2240 *Blois, 31 mai 1481.*

Lettres du gouverneur par lesquelles, à la demande des gens des Trois États du Dauphiné, il accorde, à tous ceux qui tiennent du roi dauphin, des terres, seigneuries, censes, rentes ou autres droits et devoirs, un délai de quinze mois pour fournir leurs dénombrements et aveux[1].

Enregistrées, le 3 juillet 1481.

Copie, B 2905, f° 8.

2241 *Grenoble, 30 juin 1481.*

Lettres du gouverneur, prises à la relation de la Cour, par lesquelles, à la suite d'une réclamation de noble Guigues Cony, châtelain delphinal d'Allevard, il ordonne que, contrairement aux prétentions des marchands et habitants d'Allevard, qui ne voulaient payer les droits de leyde et *manales*, que pour les grains, légumes et sel vendus le lundi de chaque semaine, jour de marché régulier, le châtelain lèverait et exigerait, à l'avenir, la leyde sur toutes les denrées vendues, sur le marché public, quel que soit le jour de la semaine[2].

Copie, B 2958 f° 523.

---

vivait encore en 1471 (note 1, p. 170, t. 2). Jean d'Hostun, était commandeur de la commanderie de St-Antoine de Grenoble et conseiller delphinal, en 1475 (B 2771).

[1] Le 29 août 1460, les gens des Trois États, assemblés à Romans, avaient déjà sollicité une prolongation de délais pour fournir les dénombrements (acte 1979). Le délai qu'avaient les nobles pour fournir les dénombrements et aveux de leurs biens était d'un an et un jour, à dater du jour de l'hommage prêté (voir l'acte n° 1985).

[2] A la suite de ces lettres, qui violaient le texte des privilèges et libertés que leur avait concédés le dauphin Jean et ensuite confirmés Henri Dauphin, tuteur des dauphins Guigues et Humbert, ses neveux, les consuls et habitants d'Allevard se pourvurent contre le Procureur général fiscal delphinal et obtinrent, le 18 juillet suivant, du Parlement, un arrêt statuant que leurs libertés, franchises et privilèges devaient être strictement observés, et qu'en conséquence, nonobstant les lettres, analysées ci-dessus, les « *callierale* » du blé et les « *manales* » du sel, ne pourraient être exigées que le lundi de chaque semaine, jour fixé pour tenir la foire ou marché d'Allevard (B 2958, f° 524, v°).

2242 *Grenoble, 24 septembre 1481.*

Arrêt du Parlement de Grenoble condamnant noble Claude de Bocsozel[1], accusé d'avoir injurié noble Antoine Méjat[2], châtelain de Lemps et de Châbons, et de s'être livré à des voies de fait sur sa personne alors que ce dernier était dans l'exercice de ses fonctions, à une amende de 60 livres, dont le montant devait être employé à l'exécution de peintures dans la salle d'audience du palais, à 40 l. de dommages envers la partie plaignante et en tous les dépens de l'instance.

COPIE. B 2967, f° 307, v°.

2243 *8 octobre 1481.*

Lettres du roi-dauphin Louis (XI), portant don en faveur de Guillaume de Poitiers, seigneur de Saint-Vallier[3], des droits de lods et ventes qu'il pouvait devoir à raison de la vente qu'il avait faite, sous faculté de rachat, du péage de Charmagnieu sur l'Isère, à Jean Jaubert, marchand de Valence, par acte du 14 mai 1480.

MENTIONS insérées dans des arrêts du Conseil d'État, des 21 avril 1664, et 21 octobre 1738, concernant le péage de Charmagnieu. (*Recueil des édits, déclarations, concernant la province du Dauphiné*, Grenoble, A. Giroud, 1690, t. 1er, p. 758. — Bureau des finances, *Péages*).

---

[1] Vers le milieu du XVe siècle, la famille de Bocsozel comprenait un grand nombre de membres, tous habitant les environs de La Côte-Saint-André. Outre Jean et Antoine de Bocsozel, dit Parpaillon, et Berton de Bocsozel, maître des eaux-et-forêts du Dauphiné, dont il est fait mention à diverses reprises dans cet ouvrage (voir notamment les notes 1, p. 114, t. 1er; 3 p. 141 et 1, p. 243, t. 2), nous citerons encore : Gaspard de Bocsozel, dit Parpaillon, qui était lieutenant de la châtellenie de La Côte-Saint-André, en 1458 ; — Jean, fils d'autre Jean de Bocsozel, dit Parpaillon, à la Côte-Saint-André, en 1458 ; — Antoine de Bocsozel, seigneur de Charlieu, habitant à Saint-Hilaire de-la-Côte, en 1451 et 1458 ; — Claude et Gui de Bocsozel, habitant à Belmont, en 1451 et 1458 ; — François de Bocsozel, qui était châtelain de Châtonnay en 1447, et résidait à Champier en 1451 et 1458 ; — Jean de Bocsozel, châtelain des Eparres, et habitant à Saint-Alban-de Roche, en 1448 et 1458 ; — Johannin de Bocsozel, à Châbons en 1451 et 1458 ; — Maret de Bocsozel, seigneur de la maison forte de Domarin, en 1448 et 1458.

[2] Voir, sur Antoine Méjat, anobli en 1476, la note 3, p. 58, t. 2.

[3] Voir, sur ce personnage, la note 3, p. 178, t. 2.

2244 *Grenoble, 23 février 1482.*

Lettres de Palamède de Forbin, seigneur de Soliers, vicomte de Martigues, gouverneur du Dauphiné, adressées au sénéchal du Valentinois au siège de Crest et au vibailli du Viennois-Valentinois au siège de Saint-Marcellin, par lesquelles — après avoir rappelé que les blés ou autres denrées, dus pour arrérages de rentes, ne doivent être exigés et appréciés, pour les années échues, qu'à la valeur et au prix auxquels les dits grains étaient vendus durant les années pour lesquelles ils sont dus, — il leur mande et prescrit, de veiller à ce que les créanciers de pareilles rentes ne les exigent que conformément aux prescriptions relatées ci-dessus, et au cas de poursuites contre les contrevenants de leur infliger des peines formidables[1].

PUBLIÉES. *Statuta delph.*, éd. 1619, f° 128.

2245 *Grenoble, 2 décembre 1482.*

Lettres de Jacques de Miolans, seigneur d'Anjou et de Combronde, gouverneur du Dauphiné, chargeant noble Louis Arbalétrier[2], de Beaufort, d'administrer la châtellenie de Gigors, qui avait été réduite sous la main du roi-dauphin après la mort de Robert de Grammont[3].

---

[1] Le 22 septembre 1481, le Parlement de Grenoble avait déjà rendu sur le même sujet une ordonnance qui fut publiée en ces termes : « L'on vous fait assavoir « de par le Roy-dauphin nostre souverain seigneur et Messeigneurs de Parlement « du Daulphiné, en ensuivant les ordonnances et provisions qui autres fois ont esté « sur ce fectes, que nuls chastellains, mistrauls daulphinaux ou autres personnes de « quelque estat ou condition qu'ils soyent, ayans censes de blés annuelles ou debtes « en blés, ne soyent osez ne si hardis, doresenavant, de recouvrer d'iceula qui les « dis censes et blés doivent, sinon à la raison que iceula blés ont valu auparavan, « sur peine pour ung chascun de cent marcs d'argent à appliquer au dict seigneur. » — Depuis lors, les mêmes défenses furent encore renouvelées par le Parlement, le 3 avril 1505 (B 2904, f° 46).

[2] Louis Arbalétrier, fils de noble Jean Arbalétrier, qui vivait à Montclar en 1458, et frère de Claude, qui avait été châtelain de Beaufort, en 1461. Il avait déjà été lui-même, vichâtelain de Gigors, en 1461, et châtelain des terres de Barry et de Vercheny, pour François d'Eurre, en 1471. (B 2770, 2743, 2767 et 2768).

[3] Voir, sur Robert de Grammont, dit le *Gros-Robert*, auquel le dauphin Louis avait, le 17 juin 1450, donné 200 écus d'or, lors de son mariage avec Claude de Chastellard, la note 2, p. 1, du t. 2, et l'acte n° 1944, par lequel le roi lui confirme es capitaineries de Gigors, Montmeyran et Charpey.

dernier capitaine châtelain du dit lieu, et ce, jusqu'à ce qu'il en soit autrement ordonné par le roi.

COPIE. B 3276, f° 416.

2246 *14 décembre 1482.*

Hommage prêté au roi-dauphin par Jean Mitte, seigneur de Gréziat, pour la moitié, indivise avec Barrachin Alleman, seigneur de Rochechinard[1], des châteaux et mandements de Saint-André, Chapaverse et Le Charmeil, en Royans, moitié qui lui était échue par succession de Marie de Sassenage, son aïeule maternelle, fille de François de Sassenage, vicomte de Tallard.

MENTION. *Inv. des titres de la Chambre des comptes, Saint-Marcellin*, t. 1er, f° 426.

2247 *14 décembre 1482.*

Lettres du gouverneur confirmant la nomination de monnayeur, faite à Romans, le 26 novembre précédent[2], par Angelo Catho de Bénévent[3], archevêque de Vienne, en faveur de Claude de Dril, de Romans.

COPIE. B 2826, f° 190, v°.

---

[1] Voir, pour l'hommage prêté par Barrachin Alleman, l'acte n° 2250.

[2] Le 14 mars 1485, le gouverneur confirmait également une autre nomination faite le 27 novembre 1482, par le même archevêque en faveur de Pierre Coste le jeune, aussi de Romans (B 2826, f° 196). Voir sur les nominations de monnayeurs faites par les archevêques de Vienne l'acte n° 2185.

[3] Angelo Catho, originaire de Supino, au diocèse de Bénévent, en Italie (et non de Trente, comme l'ont dit quelques auteurs), médecin et aumônier du roi Louis XI, avait été nommé par ce prince à l'archevêché de Vienne, après le décès d'Astorge Aimeri, et avait pris possession de son siège, le 3 octobre 1482, dans l'église de Communay, à cause de la peste qui sévissait alors à Vienne (voir la note 1, p. 302, t. 2).

Quoique Comines et autres auteurs contemporains parlent à plusieurs reprises de cet archevêque, l'on ne possède cependant que fort peu de renseignements sur son existence, et encore sont-ils en contradiction les uns avec les autres. Ce que l'on sait de plus précis, c'est qu'il était fort instruit, très versé dans les mathématiques, qu'il s'adonnait à l'astrologie et avait prédit plusieurs grands événements politiques, tels que les défaites et la mort de Charles Le Téméraire, ce qui lui avait permis de prendre un grand ascendant sur l'esprit du roi Louis XI. (*Mémoires de Philippe de Comines*, l. 5, chap. 3 : — *Sommaire de la vie de messire Angelo Catho*).

2248 *Grenoble, 30 décembre 1483 (1482).*

Ratification faite par les gens des Trois-Etats du Dauphiné, assemblés à Grenoble, du traité de paix conclu à Arras, le 23 du même mois de décembre[1], entre le roi Louis XI, d'une part, et Maximilien, duc d'Autriche, tant en son nom qu'en celui de ses enfants, le duc Philippe et Marguerite d'Autriche, d'autre part; ensemble du projet de mariage arrêté entre le dauphin Charles et la dite Marguerite, fille du duc d'Autriche et de Marie de Bourgogne, elle-même fille unique du feu duc Charles de Bourgogne.

COPIE. B 2905, f° 115, v°.

Il aurait d'abord servi les ducs Jean et Nicolas de Calabre, héritiers de la Maison d'Anjou; puis le duc de Bourgogne, Charles Le Téméraire, à la cour duquel il se serait lié d'amitié avec Comines; et finalement passa au service de Louis XI. Il aurait, aussi, accompagné le roi Charles VIII, dans la conquête du royaume de Naples. Ce fut sur les instances du même archevêque que Comines rédigea ses *Mémoires*, ainsi que cet auteur nous l'apprend.

Il ne dut faire que de très rares apparitions dans son diocèse « en lequel il ne « put résider, pour les grandes traverses qu'il eut de ceux de Daulphiné » (Naudé, *Addition à l'histoire du roy Louis XI*, chap. 5.)

L'on ne connait même, ni l'année précise de sa mort, ni le lieu où il fut enterré. Un anonyme qui a retracé en quelques lignes la vie d'Angelo Catho, avance bien qu'il serait mort à Vienne, sans indiquer du reste l'année, et qu'il aurait été enterré dans l'église cathédrale de son archevêché; mais, d'autre part, Chorier rapporte qu'il mourut à Bénévent, au commencement de l'année 1497, et y fut enterré dans l'église des Frères-Mineurs observantins. Le même auteur, ajoute qu'il avait été marié avant d'entrer dans les ordres sacrés, et qu'il avait fait un testament, le 20 janvier 1496, dans lequel il lègue une somme de 2,000 florins à la fabrique de l'église de Vienne, et parle de Barthélemy Catho, son frère, de Lactance Catho, et de ses propres fils Lucrèce et Laurent Catho. (*L'Estat politique de la province de Dauphiné*, Grenoble, 1671, t. 1er, pp. 324-327.) Or comme Comines dédia, à cet archevêque, ses *Mémoires*, qui relatent la mort du roi Charles VIII, arrivée le 6 avril 1498, il est plus naturel de penser, comme l'a du reste fait observer Charvet, dans son *Histoire de la Sainte Eglise de Vienne*, p. 515, qu'Angelo Catho ne serait mort qu'après cette dernière date, et cela avec d'autant plus de raison que le chapitre de l'église cathédrale de Vienne élut un nouvel archevêque le 21 mars 1498 (1499 nouv. style). Le nouvel élu, Antoine de Clermont, fils d'Antoine baron de Clermont en Viennois, et vicomte de Clermont en Trièves, eut, du reste, jusqu'à son décès, arrivé à Lyon le 6 novembre 1507, à lutter contre un puissant rival le le cardinal Frédéric de Saint Séverin, que la pape avait pourvu du même archevêché.

[1] Une des clauses de ce traité contenait que le roi le ferait ratifier et approuver par les gens des Trois-Etats du royaume.

2249 *30 décembre 1483 (1482 n. s.).*

Lettres constatant l'hommage prêté au roi-dauphin, entre les mains du gouverneur, par Guillaume Adhémar [1], évêque de Saint-Paul-Trois-Châteaux, pour les ville et mandement de Saint-Paul-Trois-Châteaux, ainsi que pour tous les autres fiefs qu'il possédait dans l'étendue de son diocèse.

MENTION. *Inv. des titres de la Chambre des comptes, Valentinois*, t. 4, f° 2098.

2250 *31 décembre 1483 (1482 n. s.)*

Hommage prêté au roi-dauphin par Barrachin Alleman [2], seigneur de Rochechinard, fils et cohéritier d'Aimar Alleman, seigneur de Rochechinard et d'Eclose, pour les châteaux et seigneuries de Rochechinard, La Bâtie-Archinaud [3], Durfort [4], Montmartin [5], avec toute juridiction; plus pour la moitié indivise, avec Jean Mitte [6], seigneur du Gréziat, des châteaux et mandements de Saint-André, Chapaverse et Le Charmeil, en Royans, acquise par Antoine Alleman, évêque de Cahors, son oncle, de Françoise de Sassenage, dame de Clermont, héritière pour cette partie de François de Sassenage, vicomte de Tallard, son père, lequel oncle l'avait subrogé à cette acquisition.

MENTIONS. *Inv. des titres de la Chambre des comptes, Saint-Marcellin*, t. 1er, f° 427, et *Viennois*, t. 3, f° 302.

---

[1] Guillaume Adhémar de Monteil, avait succédé sur le siège de Saint-Paul-Trois-Châteaux, à Jean Siret, le 23 mai 1482; il mourut au mois de juillet 1516.

[2] Barrachin Alleman, fils d'Aimar Alleman et de Jeanne de Boczozel. Ce fut ce personnage qui détint longtemps, dans son château de Rochechinard, le prince Zizim, frère du sultan Bajazet, que l'un de ses oncles, Charles Alleman, grand prieur de Saint-Gilles, avait ramené d'Orient. Le même Barrachin Alleman, acheta, le 26 mai 1484, d'Artus de Velor et de ses frères, la terre de Demptézieu, au prix de 3.500 écus d'or; et, le 11 octobre 1496, d'Aimar de Poitiers, seigneur de Saint-Vallier, celle de Chevrières, pour 5.500 écus. Après avoir pris part aux guerres d'Italie, il mourut à Novarre au mois d'août 1498.

[3] Ancienne maison forte située à Saint-Nazaire-en Royans

[4] Durfort, ancienne maison forte située à Saint-André-en-Royans.

[5] Montmartin, ancienne maison forte située sur Biol.

[6] Voir, pour l'hommage prêté par Jean Mitte, l'acte n° 2246.

2251 *15 mars 1483.*

Hommage prêté au roi-dauphin par Louis de Grolée, seigneur de Châteauvilain, fils et héritier de Charles de Grolée [1], pour les châteaux, terres et seigneuries de Châteauvilain, Viriville et Châtonnay.

MENTIONS, *Inv. des titres de la Chambre des comptes, Saint-Marcellin*, t. 4, f° 133, et *Viennois*, t. 1er, f° 455, v°.

2252 *18 mars 1483.*

Hommage prêté au roi-dauphin par Antoine de Brion [2], abbé de Saint-Antoine, en Viennois, pour les terre et mandement de Saint-Antoine, ainsi que pour le fief de Montagne.

MENTION, *Inv. des titres de la Chambre des comptes, Saint-Marcellin*, t. 4, f° 89.

2253 *6 mai 1483.*

Hommage prêté au roi-dauphin par Louis de Tholon, seigneur de Sainte-Jalle, pour la terre de Sainte-Jalle [3], celle de Poët-Sigillat avec trois parts de la juridiction et deux parts des revenus; les terres de Châteauneuf-de-Bordette et de Saint-Marcellin, partie de celles de Rochebrune et d'Aubres, dont il avait hérité de son père; plus pour les terres de La Fare, et partie de celles de La Bâtie-Côte-Chaude et de La Baume-Rison, qu'il avait acquises, par échange, d'André de Ferrus.

MENTION, *Inv. des titres de la Chambre des comptes, Baronnies*, t. 1er, f° 46, 240, t. 2, nos 1958, 2313; et *Gapençais*, t. 1er, f° 103.

2254 *(Montils les-Tours), mai 1483.*

Lettres du roi Louis (XI), par lesquelles, — après avoir relaté qu'il avait fondé des messes à perpétuité en l'église de l'abbaye de Saint-

[1] Voir, sur Charles de Grolée, la note 3, p. 175 du t. 1er.

[2] Antoine de Brion, élu abbé de Saint-Antoine, le 18 octobre 1482, mort le 26 juin 1490.

[3] La terre de Sainte-Jalle et la parerie de Rochebrune avaient été acquises, le 4 février 1402, par Syffrey Thólon, conseiller delph., au prix de 4000 fl., de Jeanne, fille de François de Sassenage, et épouse d'Humbert de Luyrieu. — Louis de Tholon était fils d'Antoine de Tholon, seig. de Sainte-Jalle, et de Jeanne de Forest.

Claude [1], et qu'il avait, à cet effet, assigné un revenu de 6.000 livres tournois à prendre partie sur les recettes de la Bourgogne et partie sur celles du Dauphiné, — il assigne 1.138 l., 6 s. à prendre sur le Dauphiné, dont : 100 l. sur la châtellenie de Beaumont ; 150 l. sur celle de Montbonnot ; 80 l. sur celle de Corps ; 200 l. sur la terre de Quaix ; 30 l. sur La Roche-de-Glun ; 120 l. sur Chevrières ; 50 l. sur Château-Dauphin ; 220 l. sur Bardonnèche, etc.

MENTION. *Inv. des titres de la Chambre des comptes, Pays étrangers : Bourgogne*, f° 33

2255 *19 juin 1483.*

Hommage prêté au roi-dauphin par Philibert d'Arces [2] et par Roux de Theys, fils du seigneur de Sillans [3], comme maris de N. et d'Antoinette de Paladru, filles et héritières d'Aimar de Paladru, seigneur de Molard-Rond, pour cette dernière maison forte ainsi que pour les censes, servis, hommes et hommages spécifiés dans l'hommage prêté, le 3 novembre 1413, par Guigues de Paladru.

MENTION. *Inv. des titres de la Chambre des comptes, Viennois*, t. 4, f° 6.

2256 *19 Juin 1483.*

Hommage prêté au roi-dauphin par Louis d'Arces, fils et héri

[1] Voir, sur les dons que Louis XI fit à l'abbaye de Saint-Claude, les actes n°s 1795, 1802, 1913 et 2257.

[2] Philibert d'Arces, seigneur de La Bâtie-Meylan et de Saint-Maurice-en-Trièves, était fils de Jean d'Arces et d'Antoinette Baile, fille du président Jean Baile. On le trouve exerçant les fonctions de juge mage de la Cour du Graisivaudan, en 1498, 1516 et 1520. Il paraît s'être marié : 1° avec Françoise Guillon, fille d'Étienne Guillon, qui lui apporta la terre de Saint-Maurice-en-Trièves ; 2° avec une fille d'Aimar de Paladru, et en 3° lieu, avec Marguerite de Ferrières de Livarol, d'une famille de Normandie, à laquelle s'était déjà allié Antoine d'Arces, son frère, dit le chevalier Blanc. De sa première union, il eut trois filles, et de son troisième mariage un seul fils, qui servit dans les guerres d'Italie et fut tué au siège de Suse, en 1537. (Voir : J.-J.-A. Pilot de Thorey, *Les maisons-fortes du Dauphiné*, Grenoble, X. Drevet, in 8°.)

[3] Jacques de Theys, seigneur de Sillans, marié à Isabeau d'Arces, fille de Bon d'Arces, seig. de La Bâtie-Meylan.

tier d'autre Louis d'Arces, pour ce qu'il possédait à Rives, Réaumont et Domène[1].

MENTION. *Inv. des titres de la Chambre des comptes, Saint-Marcellin*, t. 3.

2257 *22 juin 1483.*

Lettres du roi dauphin Louis (XI), confirmatives de ses lettres du mois de mai précédent, portant don de revenus en faveur de l'abbaye de Saint-Claude; avec injonction aux châtelains des lieux y nommés d'y satisfaire.

ENREGISTRÉES à Grenoble, le 12 février 1484.

MENTION. Même source que l'acte n° 2254.

2258 *Grenoble, 17 juillet 1483.*

Lettres par lesquelles, le gouverneur, — attendu que le roi avait depuis peu donné aux abbé et couvent de St-Claude la terre et les revenus des Avenières[2], en s'en réservant, toutefois, les château, juridiction et souveraineté, et qu'il importait de pourvoir à la garde de ce château « aucun feable personnage », — nomme châtelain des Avenières Benoît de Penessin, dit Vache, écuyer[3].

ENREGISTRÉES le 19 juillet 1483.

COPIE. B 3276, f° 421.

2259 *8 octobre 1483.*

Relation d'un service funèbre, célébré en l'église de Saint-André de Grenoble, le 8 octobre 1483, pour le repos de l'âme du roi

---

[1] Louis d'Arces était fils d'autre Louis d'Arces, dit Vachon, et de Guigonne de Fay. Il épousa Catherine Vache, dont il eut plusieurs enfants : Guigues, moine à Saint-Chef ; Joffrey, destiné par son père à l'état ecclésiastique ; Arthaude ; Antoine et Humbert, institués ses héritiers. Par son testament, en date du 24 juillet 1506, il voulut être enterré dans l'église paroissiale de Réaumont.

[2] La terre des Avenières avait été donnée à l'abbaye de Saint-Claude par lettres de mai 1482 (acte n° 1802).

[3] Benoît de Penessin devait être le fils de Jean de Penessin, dit Vache, de Tullins, qui habitait à Dolomieu en 1452 (B 2765). Nobles Pierre de Penessin, fils de Guionet, et Amédée de Penessin, résidaient à La Palud, en 1458 (B 2748, f° 603,

dauphin Louis XI, et auquel assistèrent les membres du Parlement et de la Chambre des comptes de Grenoble[1].

COPIE. B 2905, f° 123, v°.

PUBLIÉE. M. U. Chevalier, *Documents histor. inédits sur le Dauphiné, Bulletin de la Société de Statistique*, 3e série, t. 6, p. 397.

FIN

---

[1] Nous donnons ci-après le texte intégral de cette relation :

« Anno domini M° IIII° LXXXIII° et die VIII° mensis octobris, fuit factum cantare « sollempne serenissimi domini nostri Ludovici Francorum regis quondam, in « ecclesia beati Andree Grationopolis, in quo cantari fuit facta cappella ardens, in « coro super tumulo domini Andree dalphini, honorifice ; et interfuerunt faces ex « parte ipsius (ecclesia) centum, ex parte reverendi domini episcopi Grationopolis « quinquaginta, et ex parte dicte civitatis Grationopolis quinquaginta, sic pro toto « ducentum faces. Et fuerunt ibidem tres magne misse sollempniter celebrate : « quarum primam de Domina Nostra celebravit alter (sic) ex canonicis dicte ecclesie « Sancti Andree ; secundam vero celebravit de Sancto Spiritu dominus officialis « Grationopolis ; terciam autem de deffunctis celebravit, in absencia prefati domini « episcopi Grationopolis,.......... episcopus. Et ibidem semper interfuerunt « domini Parlamenti et Computorum qui obtulerunt in qualibet missa ; et ultima « missa fuit factus sermo ad laudem dicti quondam domini nostri. Et fuit factum « ipsum cantare generale et datum cuilibet sacerdoti missam in eadem ecclesia, dicta « die, celebranti, quatuor parpalliole regis valentes qualibet de moneta de bili nunc « currente septem pactatos ; sic pro quolibet tres grossos cum dimidio. Et fuerunt « celebrantes dicta die in summa........ quibus solutum fuit ad rationem predic- « tam, videlicet....... »

On avait également célébré, en la même église de Saint-André de Grenoble, le 4 août 1461, un service funèbre pour le roi Charles VII, auquel avait officié l'évêque de Grenoble. (*Obituaire de Saint-André.*)

A l'issue de la troisième messe, le frère Reybat, franciscain, prononça l'oraison funèbre du roi défunt.

Chorier, II, p. 482.
Guy Allard, *Dict.*, v° Reibat.

TABLE DES MATIÈRES ET DES NOMS

Les chiffres qui suivent les lettres N. et P. renvoient aux notes et pages. Tous les autres chiffres renvoient aux numéros du Catalogue.

www.ingramcontent.com/pod-product-compliance
Ingram Content Group UK Ltd.
Pitfield, Milton Keynes, MK11 3LW, UK
UKHW021049200726
13857UKWH00003B/868